Jan Tilden
Der Tod des Pathologen

Zum Autor:

Nach einem Philologiestudium (Sport, Latein und Philosophie) studierte der Autor Medizin in Marburg. Er war ca. 35 Jahre als Arzt sowie in Forschung und Lehre tätig. Als Universitätsprofessor hat er zahlreiche wissenschaftliche Publikationen veröffentlicht. "Der Tod des Pathologen" ist sein erster Roman. Er lebt mit seiner Frau in Mittelhessen.

Zum Buch:

Der Medizinstudent Jochen Haller, ein ambitionierter Ruderer, kentert bei einem Zusammenstoß mit einem Drachenboot auf der Lahn und entdeckt dabei im Schlamm des Flussbetts einen neuwertigen Motorroller mit Nummernschild. Die Besitzerin trifft er einen Tag später in der Pathologie wieder – als Leiche, die auf rätselhafte Weise kurz darauf verschwindet.

Die Jagd nach dem Mörder und Suche nach der Leiche beginnt. Jochen wird wegen seiner einschlägigen Kenntnisse des Marburger Klinikums in die Ermittlungen der Kripobeamten einbezogen und trägt entscheidend zur Lösung bei. Vielleicht hat der Täter auch mehr auf dem Kerbholz. Denn kurz bevor er überführt wird, wird der Chef der Pathologie ermordet.

Jan Tilden

Der Tod des Pathologen

Dustri-Verlag Dr. Karl Feistle
München – Orlando

Handlungen und Figuren sind frei erfunden.
Etwaige Ähnlichkeiten mit lebenden Personen
sind rein zufällig und unbeabsichtigt

Alle Rechte, insbesondere das Recht der Vervielfältigung
und Verbreitung sowie der Übersetzung in fremde Sprachen, vorbehalten.

Copyright © Originalausgabe 2011, 2009
by Dustri-Verlag Dr. Karl Feistle, München – Orlando
Dustri-Verlag Dr. Karl Feistle GmbH & Co. KG
Bajuwarenring 4, 82041 Oberhaching
info@dustri.de • www.dustri.de
Umschlagsgestaltung:
gdv Graphik-Design Verlagsservice, G. Leibssle, Reutlingen
Umschlagsillustration: Oliver Geyer
Satz: Dustri-Verlag Dr. Karl Feistle
Druck: Bosch Druck GmbH, Ergolding
Printed in Germany
ISBN 978-3-87185-399-9

Der dritte Marburg-Krimi von
Jan Tilden

224 Seiten
broschiert Euro 8,90
ISBN 978-3-87185-414-9

Bestellen Sie jetzt im Buchhandel oder direkt beim Verlag:
Tel. 089/613861-0
Fax 089/6135412
info@dustri.de
www.dustri.de

Dustri-Verlag
Dr. Karl Feistle
München – Orlando

Der Tod des Schiedsrichters: Nach einem brutalen Überfall wird der Fußballschiedsrichter Bernd Wölber mit einer Querschnittslähmung auf der Intensivstation der Inneren Medizin des Uniklinikums Marburg eingeliefert. Wenige Tage später wird er tot aufgefunden. Selbsttötung erscheint nicht ausgeschlossen. Kurz darauf stirbt auch sein ehemaliger Zimmernachbar bei einem Motorradunfall. Für die Polizei ist die Sachlage trotzdem klar: Selbstmord. Für Jochen Haller, inzwischen ordentlicher Professor am Sportwissenschaftlichen Institut, ist das ausgeschlossen. So schlittern er und seine Freunde in die Ermittlungen. Sie haben alle Hände voll zu tun, den vagen Spuren nachzugehen. Am Schluss präsentiert sich ihnen eine überraschende Lösung.

Sport-Mord: Marie Döbus, ehemalige Sportlehrerin, und ihr Dackel Poldi finden auf dem Dammelsberg, in der Nähe des Marburger Schlosses, einen Toten. Es handelt sich um einen ehemaligen Radprofi, der mit der Dopingszene Kontakt hatte. Die Spuren führen ins Sportwissenschaftliche Institut der Uni Marburg, in dem geheimnisvolle Dinge passieren. Ein Stick mit Informationen über eine brandneue Nachweismethode von EPO verschwindet. Eine Doktorandin wird umgebracht. Ein Laborarzt macht lukrative Nebengeschäfte. Der Protagonist Jochen Haller, inzwischen Juniorprofessor und Antidoping-Experte, hat alle Hände voll zu tun, die Verbrechen aufzuklären und gerät dabei selbst ins Visier des Killers.

Meinungen zu "Sport-Mord"

"Jan Tilden nimmt sich für die Zeichnung seiner Charaktere Kollegen und Freunde zu Vorbildern und schafft so auch einen tragfähigen Querschnitt durch die Bevölkerung Marburgs. Motive und das Agieren der Protagonisten sind glaubwürdig und lassen die Leser mitzittern ... Tilden schreibt spannend und wartet immer wieder mit überraschenden Wendungen und Pointen auf" (Gießener Anzeiger)

"Neben allerlei Wissenswertem und Witzigem über Marburg bietet „Sport-Mord" auch interessante Einblicke hinter die Kulissen des Profisports" (Oberhessische Presse, Marburg)

Der zweite Marburg-Krimi von
Jan Tilden

320 Seiten
broschiert Euro 8,90
ISBN 978-3-87185-404-0

Bestellen Sie jetzt im
Buchhandel oder
direkt beim Verlag:

Tel. 089/613861-0
Fax 089/6135412
info@dustri.de
www.dustri.de

Dustri-Verlag
Dr. Karl Feistle
Postfach 1351
82034 Deisenhofen
bei München

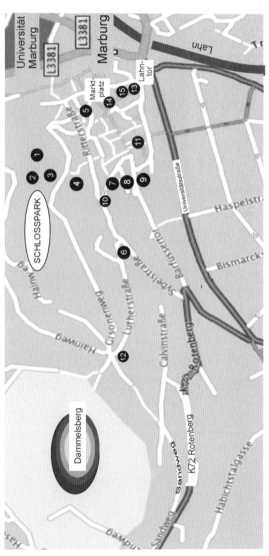

Stadtplan von Marburg mit markanten Punkten, die im Krimi eine wichtige Rolle spielen

1. Landgrafenschloß
2. Hexenturm
3. Collegium Philippinum
4. Duisberghaus
5. Lutherische Pfarrkirche
6. Turmergarten
7. Kugelkirche
8. Kugelhaus
9. IfL
10. Kalbstor
11. Augustiner Treppe
12. AMV Frideniciana
13. Alte Universität
14. Hofstatt
15. Dominikanerpforte

Tomate tiempo para reir:
Es la musica del alma.

Nimm Dir Zeit zu lachen:
Das ist die Musik der Seele.

(unbekannter spanischer Autor,
17. Jahrhundert)

Im Gedenken an Tracy

Kapitel 1

"Tschüs, mach's gut, Ina", Judith umarmte ihre alte Freundin zum Abschied und hielt ihr die Tür zum Taxi auf. Sie hatten sich zufällig im 'Chez Angélique' getroffen, einer kleinen Tanzbar, die zur Empörung der alt eingesessenen Weidenhäuser vor Kurzem in einem der malerischen Höfe Weidenhausens, dem ältesten der Marburger Stadtteile, eröffnet worden war. Das Tanzlokal, eine ehemalige Schmiede, hatte sich schnell zum Geheimtipp für alle Tanzwütigen und Singles der Umgebung entwickelt.

Jahrelang hatten die beiden nichts mehr voneinander gehört. Nun waren sie sich – dank ihrer Begeisterung fürs Tanzen – wieder über den Weg gelaufen.

"Diesmal darf es aber nicht so lange dauern, bis wir uns wieder sehen!" sagte Ina lächelnd und ließ sich auf den Rücksitz des Taxis zurücksinken.

"An mir soll's nicht liegen", Judith setzte den Helm auf und machte ihren Motorroller startklar, den sie ganz in der Nähe abgestellt hatte. Dann brauste sie davon, beschwingt von ein paar Cocktails und den Erinnerungen an alte Zeiten.

Ina und sie waren im Kindergarten und in der Schule unzertrennlich gewesen. Gemeinsam waren sie in den Turnverein gegangen, hatten zusammen Reitunterricht genommen und die Tanzschule besucht. Nur als sie sich beide in den gleichen Jungen verliebt hatten, hatte es zwischen ihnen vorübergehend Funkstille gegeben. Aber als sich der Angebetete für keine von ihnen, sondern für ein Mädchen aus der Parallelklasse entschied, wurde alles wieder wie vorher. Im Gegenteil, der gemeinsame Liebeskummer verband sie noch intensiver.

Das Kapitel Liebe hatten sie nach der ersten schmerzhaften Lektion auf ihre Weise bewältigt. Sie hatten sich geschworen, künftig den Spieß umzudrehen und sich zu amüsieren, ohne ihr Herz zu verlieren – bis vielleicht irgendwann einmal der Richtige kommen würde. Aber das hatte keine Eile. Vorerst machten sie als 'Hexen-Duo' die Jungs und manchen Lehrer der Elisabeth-Schule unruhig. Ihre Wilde-Hühner-Zeit endete abrupt, als Ina nach der zwölften Klasse mit ihrer Familie nach Frankfurt umzog.

Ihr Vater hatte dort einen guten Manager-Posten bei einer renommierten Bank bekommen, bei dem er sich eine goldene Nase verdiente. Am Anfang war Ina noch ein paar Mal nach Marburg gekommen, und Judith hatte – neugierig auf das Großstadtleben – Ina vier oder fünf Mal in Frankfurt besucht. Aber dann war der Reiz des Neuen verflogen und Ina hatte in Frankfurt neue Freunde gefunden. Trotz aller guten Vorsätze hatten sie sich aus den Augen verloren.

Lust zu studieren hatten beide nicht gehabt. Während Judith die Krankenpflegeschule besuchte, verspürte Ina keine Ambitionen, sich großen beruflichen Zwängen zu unterwerfen. Geld war reichlich da. Ihr Vater verwöhnte sie – zum Ärger ihrer Mutter – nach Strich und Faden.

Irgendwann würde sie eine gute Partie machen und eine Familie haben. Vorerst fühlte sie sich dafür noch zu jung. Sie vertrieb sich die Zeit mit gelegentlichem Modeln für den Katalog eines Frankfurter Versandhauses und einem Job als Kosmetikerin. Termine vergab sie nach Lust und Laune. Sie spezialisierte sich auf alles, was mit Wellness zu tun hatte und wenig Arbeit machte. Vor allem lag ihr der lockere freundschaftliche Umgang mit ihren meist gut betuchten Kundinnen, die ihr nicht selten ihr Herz ausschütteten, während sie ihnen eine wohltuende Gesichtsmassage angedeihen ließ oder eine exotische Gesichtsmaske auflegte, die – zumindest für ein paar Stunden – die Haut straffen sollte.

"Ich bin überzeugt", hatte sie Judith lachend erklärt, "dass ich einer ganzen Reihe von ihnen den Gang zum Psychologen erspare: Ein bisschen Wohlgefühl und Tratschen hilft den meisten besser, als Fragen zu beantworten, die den Dreck vergangener Zeiten aufwühlen."

An diesem Wochenende war Ina in Marburg zu Besuch bei ihrer Patentante, die ihren sechzigsten Geburtstag in großer, aber langweiliger Runde feierte. Sie hatte schließlich Reißaus genommen und war – dem Rat ihrer Kusine folgend, die als Tochter des Hauses die Stellung in der Geburtstagsrunde halten musste – in der kleinen Tanzbar gelandet.

Im Vergleich zu Frankfurts schrillen, mit aufwändigen Laserlightshows aufgemotzten, überlauten Discos, die sie sonst meist besuchte, war das Tanzlokal mit anheimelnden Nischen und gedämpfter Beleuchtung eine erfreuliche Abwechslung. Ein paar gut aussehende Kerle, die sich für einen Flirt anboten, waren auch da. Was brauchte sie mehr. – Aber das unverhoffte Wiedersehen mit Judith war natürlich die Krönung gewesen. Alles andere konnten sie nachholen, vielleicht schon am langen Wochenende.

Es würde ihnen beiden Spaß machen, die alten Zeiten wieder aufleben zu lassen.

Judith sauste mit ihrem Roller durch die winkligen Gassen Weidenhausens. Es war Freitagabend vor Pfingsten, kaum eine Menschenseele unterwegs. Die Einheimischen hatten sich längst in ihre schön restaurierten Fachwerkhäuser zurückgezogen. Die Studenten waren für das lange Wochenende nach Hause gefahren oder hingen noch in einer der urigen

Kneipen herum. Einen Wagen, der auf der Weidenhäuser Brücke unangenehm eng auffuhr, konnte sie zum Glück durch die Kurven an der alten Uni und eingangs der Biegenstraße auf Distanz bringen. An der Ampel vor dem Cineplex-Kino, die sie gerade noch bei Gelb passieren konnte, musste er sogar stoppen; zahlreiche Kinobesucher drängten ungeduldig auf den Zebrastreifen, um pünktlich zur Spätvorstellung zu kommen. Erleichtert gab sie auf der Geraden der Biegenstraße noch einmal ordentlich Gas, bis sie die nächste enge Kurve vor der Deutschhausstraße zwang, das Tempo zu drosseln.

Nach der Hitze im Tanzlokal genoss Judith den kühlen Fahrtwind. Sie war froh, dass sie sich von ihrer überängstlichen Mutter nicht hatte überreden lassen, so ein Ding mit gebremstem Schaum zu kaufen, das Krach wie eine alte Harley-Davidson machte, aber gerade mal fünfundvierzig Stundenkilometer schaffte und ein ständiges Verkehrshindernis war.

Dass sie erst noch den Motorradführerschein machen musste, hatte sie nicht abgeschreckt. Sie war erst 32 und immer noch sehr lernbegierig und unternehmungslustig. Vor Kurzem hatte sie eine der sehr begehrten Stellen als Krankenschwester an der Klinik für Neurologie ergattert. Sie war rundum zufrieden. Der Dienst war anspruchsvoll, aber abwechslungsreich. Es machte ihr Spaß, im Team zu arbeiten, sie war immer offen für neue Entwicklungen. Abends war sie nach einer kurzen Erholungspause meist wieder fit genug, um zusammen mit ein paar Kolleginnen Marburg unsicher zu machen.

Besonders freute sie sich auf die Freitagabende, wenn sie erst am Samstagnachmittag Dienst oder sogar ein freies Wochenende hatte. Meistens ging sie dann irgendwohin zum Tanzen. Wenn ihr danach war und sich die Gelegenheit bot, hatte sie auch nichts gegen ein bisschen unverbindlichen Sex.

Auch heute Abend hatte sie Lust zum Tanzen gehabt und wäre einem kleinen erotischen Abenteuer nicht abgeneigt gewesen. Es hatte auch alles gut angefangen. Der Kerl mit dem schneidigen Oberlippenbärtchen, der ihr gar nicht schlecht gefiel, war voll auf sie abgefahren. Sie waren sich beim Tanzen schon etwas näher gekommen. Alles lief prima. – Bis Ina dazwischen kam.

Sie spürte ein leises Bedauern und hätte im Moment gar nichts dagegen gehabt, die Nacht mit diesem sympathischen Typen fortzusetzen. Aber man konnte nicht alles auf einmal haben. Sie tröstete sich: Aufgeschoben war ja nicht aufgehoben.

Vergnügt summte sie den Michael Jacksons Hit 'Heal the World' vor sich hin. Sie hatte den Popstar 1992, zusammen mit Ina, als 16-jährige bei dem Start seiner Dangerous-World-Tour im ausverkauften Münchener Olympia-Stadion live erlebt. Ein Wahnsinnserlebnis, einer der Höhepunkte ihrer Teenager-Zeit.

Den dunklen Schatten der links neben ihr auftauchte, als sie entlang der Lahn unterwegs nach Wehrda war, nahm sie gar nicht recht wahr. Sie spürte einen kurzen, harten Stoß gegen die Lenkstange des Motorrollers, durch den sie ins Schlingern geriet, so dass sie sich nicht mehr auf dem Sitz halten konnte. Dann fühlte sie einen Schlag im Nacken, ein kurzes grässliches Knacken, kaum einen richtigen Schmerz. Ein greller Blitz! Dann wurde es Nacht um sie.

Das Aufheulen ihres Motorrollers, der führerlos die Böschung hinunter raste und in der Lahn versank, bekam sie nicht mehr mit.

Kapitel 2

Nach zwei Stunden hartem Rudertraining auf der Lahn fühlte sich Jochen total ausgepowert. Entspannt trieb er den Einer mit langen ruhigen Ruderschlägen lahnabwärts und dachte noch einmal mit Bedauern an die Pfingstregatta zurück: Er war nur Dritter geworden, obwohl er beim letzten Wettkampf die beiden vor ihm Platzierten klar geschlagen hatte. Ja, verdammt, er war eigentlich gut in Form und hatte fest mit dem Sieg gerechnet. Aber diese Nachtwache auf der chirurgischen Intensivstation hatte ihn einfach zu viel Kraft gekostet.

Doch dann fiel ihm wieder Steffi ein. Sie hatte ihn mit ihren großen braunen Samtaugen verzaubert, als er sie zum ersten Mal sah, während sie dem Stationsarzt beim Legen einer Entlastungsdrainage für die Lunge assistierte. Alles andere war durch einen Mundschutz, eine Haube und einen weiten blauen Kittel, der bis zu den OP-Schuhen reichte, verhüllt. Sie war nicht nur außerordentlich hübsch, wie sich später herausstellte, sondern auch sehr tüchtig. Mit ihren 28 Jahren trug sie als Stationsschwester schon eine große Verantwortung, während er als Medizinstudent im zweiten klinischen Semester noch ganz am Anfang seiner beruflichen Karriere stand.

Am Freitagabend vor Pfingsten war plötzlich eine Nachtwache ausgefallen, und sie hatte bei ihm angefragt, ob er einspringen könne. Die Chance, damit bei ihr Punkte zu sammeln, hatte er sich nicht entgehen lassen konnen. Wenn ihm das Schicksal gnädig war, würde es ihm einen ruhigen Dienst bescheren. – Aber da wurde nichts draus. Ein Motorradfahrer, der in einer Kurve auf einen Trecker aufgefahren war, war mit einem schweren Schädel-Hirn-Trauma und vielen anderen Verletzungen eingeliefert worden. Nach der chirurgischen Versorgung benötigte er eine sorgfältige Überwachung und Betreuung. Das war Jochens Aufgabe. In dieser Nacht, kam er kaum zur Ruhe. Erst morgens um sechs, als die Tagesschicht eingetrudelt war, hatte er sich für zwei Stunden aufs Ohr legen können. Dann musste er schon zum Bootshaus aufbrechen, um sich für den Wettkampf warm zu machen.

Vielleicht sollte er seinen Job als Nachtwache in der Chirurgie lieber aufgeben. Er musste sich auch langsam um eine Doktorarbeit kümmern.

Andererseits, wenn er seinen Job aufgab: Das musste er sich gut überlegen. Er würde Steffi dann kaum noch begegnen. Die Chancen bei ihr würden dann gleich Null sein. Er seufzte. Wie man es machte, war es verkehrt.

Er war ganz in Gedanken versunken, als ihn erschrecktes Rufen, das in lautes Geschrei überging, in die Wirklichkeit zurückbrachte.

"Achtung, Attacke auf Backbord! Alle Mann festhalten!" schallte es ihm entgegen. Er hatte sich an der letzten Biegung der Lahn vor dem Uni-Bootshaus versteuert und war dabei, ein Drachenboot zu rammen. Keine Chance mehr, den Kurs zu korrigieren! Um eine Kollision zu vermeiden, versuchte er ein riskantes Notstoppmanöver, indem er die Skulls blitzschnell aus dem Wasser zog, nach vorn riss und sich mit aller Kraft dagegen stemmte. Und tatsächlich, er konnte verhindern, dass sie zusammenkrachten, aber das linke Ruder war im Eifer des Gefechts zu spät und mit schrägem Winkel tief in die Lahn eingetaucht. Er fing einen gewaltigen 'Krebs', verlor das Gleichgewicht und kenterte. Wahrhaftig, er kenterte! Das durfte doch nicht wahr sein. Auch das noch! Wann war ihm das zum letzten Mal passiert! – Vor fast 10 Jahren, als er mit dem Rudern begonnen hatte, gehörte das zum Lehrgeld, das er zahlen musste. Jetzt war er ein erfahrener Ruderer, der es dank einer guten Technik, vor allem aber durch hartes Training, bis in die deutsche Spitze der Königsklasse geschafft hatte! Was für eine Schande!

Gut, dass der Trainer das nicht mit ansah, aber er würde mit Sicherheit davon Wind kriegen. Er hörte ihn schon gnadenlos spotten. 'Erst die Regatta versieben und dann auch noch ein Anfängerfehler! Willst du nicht lieber in den Vierer zurückwechseln? Da können die anderen auf dich aufpassen. Oder besser: Geh doch gleich zu den Tauchern.'

Das Triumphgeheul der Hobby-Paddler vermischte sich mit dem Rauschen des Lahnwassers, bis die Stimmen ganz verstummt waren und nur noch das Gurgeln des Wassers um ihn herum war. Einen Augenblick hing Jochen – vom Schreck gelähmt – bewegungslos kopfüber im kalten, trüben Wasser der Lahn. In diesem Moment sah er im gebrochenen Licht der Nachmittagssonne etwas intensiv Blaues aufblitzen, so in ein bis zwei Metern Tiefe unter sich. Die geschwungene Form erinnerte ihn an einen kleinen Delfin – aber in dieser Farbe und in der Lahn? Unmöglich!

Doch jetzt hatte er erst einmal andere Sorgen. Er löste eilig den Klettverschluss, der seine Füße in der Halterung am Stemmbrett fixierte, und hangelte sich an dem Skull, das über ihm schwamm, nach oben.

Seine Kontrahenten empfingen ihn mit schadenfrohem Gelächter, als er auftauchte. Wie peinlich! – Andererseits: Die sollten froh sein, dass er Kopf und Kragen riskiert hatte, um sie nicht über den Haufen zu fahren! Er tat ganz cool, als gönne er ihnen die Freude, und grinste ihnen zu. Insgeheim – das wusste er – bewunderten sie ihn, wenn er im Skiff an ihnen vorbeiflog, im selbst bestimmten Schlagrhythmus, während sie im Drachenboot den Trommelschlägen des Taktgebers gehorchen mussten, damit sie von der Stelle kamen.

Zum Glück war er nicht mehr weit vom Bootshaus entfernt. Er schleppte den Einer mühsam an den Bootssteg. Dort ließ er sich von einem Vereinskameraden helfen, das Boot zum Trocknen aufzubocken. Dann zog er den atmungsaktiven Anzug aus, unter dem er eine Badehose trug, und sprang mit einem Hecht in die Lahn zurück. An der Stelle, wo ihm das Malheur passiert war, tauchte er nach unten, gespannt, was er entdecken würde. Schon beim zweiten Tauchversuch wurde er fündig. Der blaue 'Delfin' entpuppte sich als Motorroller, dessen Frontverkleidung teilweise vom Schlamm bedeckt war. Wenn ihn nicht alles täuschte, war sogar noch das Nummernschild dran.

Dass Müll im Wasser abgeladen wurde, war für Jochen nichts Neues. Einmal im Jahr, am Ende der Rudersaison, machten sie zusammen mit einigen Tauchern von der DLRG und mit Unterstützung der Stadtwerke, die sich um die Entsorgung kümmerten, eine Säuberungsaktion. Da fand sich gelegentlich auch mal ein Moped oder Motorroller, aber die waren meist verrostet und hatten vor allem keine Kennzeichen mehr. Natürlich wollten die ehemaligen Besitzer nicht identifiziert werden.

Jochen schwamm rasch an Land. Er war zwar ein abgehärteter Bursche, aber jetzt war ihm doch kalt geworden. Mehr als vierzehn Grad hatte die Lahn sicher noch nicht. Er verschwand erst einmal unter die heiße Dusche, um sich aufzuwärmen und zu säubern. Während er es genoss, wie das warme Wasser über seinen Kopf und den Körper strömte, dachte er über den Fund nach.

Es konnte sein, dass jemand nach einer langen Party am Wochenende im Suff vom Weg abgekommen war. Dann würde er, wieder nüchtern , darüber nachdenken, wie er seinen fahrbaren Untersatz wieder an Land holen könnte. Das würde frühestens passieren, wenn es dunkel war und der Betrieb an der Lahn vorbei war. Aber das war Jochen eigentlich gleichgültig. Er war schließlich nicht bei der Polizei.

Wenn aber ein Verbrechen vorlag, war höchste Eile geboten. Er hatte gehört, dass dann jeder Zeitverlust die Aufklärungsquote verschlechterte. Das wäre natürlich ein Grund, die Polizei zu alarmieren. Andererseits konnte es auch eine ganz andere harmlose Erklärung geben, auf die er im Moment nicht kam. Dann würde er sich lächerlich machen! Und heute hatte er schon genug zu verkraften.

Also, warum nicht selbst ein bisschen Detektiv spielen.

Das Handtuch um die Hüften geschlungen, rief er Heiko an, der wie er im Duisberghaus wohnte, einem in die Jahre gekommenen Studentenwohnheim in der Nähe des Marburger Landgrafenschlosses. Heiko war einer der vielen Sportstudenten, die im Haus wohnten. Er war nicht nur ein Ass im Schwimmen, sondern auch Mitglied der Tauchergruppe in der Marburger Ortsgruppe der DLRG. Über ihn wurde gespottet, er habe vom vielen Schwimmen schon Schwimmhäute zwischen den Fingern und Fußzehen.

Jochen war froh, dass er ihn gleich erreichte.

"Heiko Glanz, bei der Arbeit." meldete sich Heiko aufgeräumt.

"Hallo Champ, hier Jochen. Gib nicht so an. Wahrscheinlich bist du nur beim Espressotrinken und Zeitunglesen."

"Keine Beleidigungen am späten Dienstagnachmittag", verwahrte sich Heiko, wobei seiner fröhlichen Stimme anzuhören war, dass er sich keineswegs gekränkt fühlte.

"Wie wäre es mit ein bisschen Abwechslung, kleines Tauchtraining in der Lahn. Ich geb dir hinterher auch Einen aus."

"Heute noch? Am heiligen Pfingstdienstag?" aus Heikos Mund klang das wie ein unsittliches Angebot.

"Du bist doch Atheist. Mit Pfingsten hast du doch nichts am Hut. – Es ist wirklich dringend. Vielleicht können wir ein Verbrechen verhindern." Jochen fuhr gleich schweres Geschütz auf, als er merkte, dass Heiko keine rechte Lust hatte.

"Och nee, Gaby kommt gleich", maulte dieser.

Daher wehte der Wind! Heiko durfte seine neue Flamme natürlich nicht vernachlässigen.

"Wir haben jetzt fünf Uhr. Wenn du dich beeilst, bist du in zwei Stunden zurück. Dann hast du den ganzen Abend noch vor dir – und die Nacht", schlug Jochen vor und erklärte ihm die Situation. "Du siehst, wir dürfen keine Zeit verlieren."

"Ja, hört sich echt spannend an. Und was mach ich in der Zwischenzeit mit Gaby?"

"Bring sie doch einfach mit, dann kannst du ihr zeigen, was du auf dem Kasten hast."

"Das hättest du wohl gern. Am Ende verguckt sie sich noch in dich." Heiko war rotblond und gedrungen, mit einer Turner-Figur vom Typ Hambüchen. Er wollte den Vergleich mit dem schwarzhaarigen schlaksigen Ruderer lieber nicht riskieren. Jochen kam mit seinem schmalen wettergebräunten Gesicht und den hellblauen Augen gut bei den Frauen an.

Jochen lachte: "Keine Angst, ich habe andere Interessen."

"Dir traue ich nicht über den Weg. Ich vertröste Gaby lieber auf später. Dann habe ich gleich etwas Interessantes zu erzählen."

"Auch gut. Die Hauptsache, du kreuzt bald hier am Bootshaus auf."

"Was soll ich mitbringen?"

"Ich denke, Taucherbrille und -lampe reichen. Du sollst dich ja nur kurz umsehen. Und vergiss nicht den Neoprenanzug. Die Lahn ist noch saukalt."

"Okay, bis gleich."

Eine halbe Stunde später war Heiko vor Ort. Jochen ruderte ihn in dem breiten Ruderboot, das normalerweise für den Trainer oder Gäste reserviert war, zum Fundort.

Nach dem ersten Tauchgang, erstattete Heiko – noch etwas außer Atem – dem gespannt wartenden Freund Bericht. "Blauer Motorroller, Hunderter Peugeot 'Speedfight', flottes Ding, scheint ziemlich neu zu sein. Das Kennzeichen ist verdreckt. Das muss ich erst noch säubern." Und schon war er wieder unten.

Dreißig Sekunden später war er wieder zurück und kletterte übers Heck an Bord des Ruderbootes. "Kennzeichen MR JD 91. Sonst gibt's nichts Neues", keuchte er. "Jetzt muss ich mich aber dringend aufwärmen. Du hattest recht. Die Lahn ist noch ganz schön kalt. Ich spüre meine Füße kaum noch."

"Also, wie ich vermutet habe," sagte Jochen, während er ihn zum Bootssteg ruderte. "Alles spricht dafür, dass da etwas passiert ist. Was nun?"

"Das fragst du mich? Du bist doch der Schlaumeier! Aber vielleicht fällt mir beim Duschen was ein."

Er nahm eine ausgiebige Dusche, während Jochen wie auf glühenden Kohlen in der Umkleide saß, weil er etwas unternehmen wollte.

"Ich dachte schon, du wolltest einen neuen Weltrekord im Warmduschen aufstellen", raunzte er Heiko an, als dieser nackt und vom heißen Wasser rosig wie ein Ferkel aus dem Duschraum kam.

"Aber es hat sich gelohnt. Ich habe eine echt gute Idee", verteidigte sich Heiko. "Also – ich kenne jemanden bei der Polizei, der uns DLRG-Taucher bei Großeinsätzen anheuert, wenn die Polizeikräfte nicht ausreichen. Bei dem rufe ich gleich mal an."

Er kramte nach seinem Handy und drückte eine gespeicherte Nummer. Ein Polizeibeamter, den er nicht kannte, nahm den Anruf entgegen.

"Kann ich Peter Ferlinz sprechen?"

"Tut mir leid, der kommt erst morgen früh wieder zum Dienst. Kann ich Ihnen weiterhelfen?"

"Nein, danke! Es geht um etwas Persönliches", log Heiko. "Haben Sie seine private Handy-Nummer?"

"Die darf ich Ihnen nicht geben."

"Schade. Na gut, ich melde mich morgen wieder."

Enttäuscht legte Heiko wieder auf. "Scheiße, mein Bekannter ist leider nicht da. Er kommt erst morgen wieder zur Frühschicht."

Während Heiko sich ankleidete, hatte Jochen Zeit, sich einen Schlachtplan zurechtzulegen.

"Könntest du dich nicht gleich morgen früh mit deinem Bekannten in Verbindung setzen? Du kennst den Typen doch gut", bat er Heiko. "Ich habe morgen Vormittag ein Seminar in der Pathologie, das ich unmöglich sausen lassen kann.

Heiko überlegte nur kurz. Er war im achten Semester seines Sportstudiums. Die praktische Ausbildung war abgeschlossen. Jetzt hatte er nur noch wenige Pflichtveranstaltungen und konnte sich seine Zeit einteilen. Die für Mittwoch eingeplante Vorlesung über Geschichte der Leibesübungen gehörte für ihn sowieso nicht zu den Highlights der Sportlehrerausbildung. Was interessierte ihn die Technik des Diskuswerfens bei den alten Griechen! Ein bisschen Abwechslung kam ihm gerade recht.

"Einverstanden. Ich sage dir dann Bescheid, was dabei herausgekommen ist."

Heiko hatte es jetzt eilig. Gaby wartete auf ihn.

*

Am nächsten Morgen, noch vor dem Frühstück, nahm Heiko mit Peter Ferlinz Kontakt auf. Er schilderte ihm die schwierige Situation und fragte ihn, ob er den Halter des Motorrollers auf unbürokratischem Wege ermitteln könne.

Begeistert war Ferlinz nicht davon, aber er hatte Verständnis dafür, dass Heiko die Angelegenheit nicht gleich an die große Glocke hängen wollte, und versprach, ihm zu helfen.

Kurz darauf meldete er sich wieder bei Heiko. Halter des Rollers war eine junge Frau, namens Judith Dornbusch, die in Wehrda, einem Ortsteil im Norden Marburgs, wohnte.

Telefonisch war sie nicht zu erreichen. Die Kollegen im Streifenwagen, die Ferlinz in den Waldweg nach Wehrda schickte, trafen Frau Dornbusch auch nicht zu Hause an. Von den Nachbarn erfuhren sie, dass sie als Krankenschwester am Uniklinikum in der Neurologie arbeitete.

An ihrem Arbeitsplatz wurde sie nicht vermisst, weil sie Pfingsten frei hatte und erst am Mittwochabend zum Nachtdienst erwartet wurde. Ihre Kolleginnen wollten aber nicht ausschließen, dass sie versumpft sein konnte. Sie galt als sehr lebenslustig.

Von einer befreundeten Krankenschwester erfuhren die Beamten, dass ihre Eltern in Kirchhain wohnten. Sie hatten ihre Tochter am Sonntag zum Mittagessen erwartet. Sie war aber nicht gekommen und hatte sich auch nicht abgemeldet.

Das klang schon bedenklicher, so dass die Polizisten die Fahrt nach Kirchhain auf sich nahmen.

"Es wird doch nichts passiert sein?" fragte die Mutter ängstlich, "Normalerweise ruft Judith an, wenn etwas dazwischengekommen ist."

Der Vater, ein pensionierter Finanzbeamter, schien nicht böse, dass sie nicht gekommen war. "Lass sie doch, sie weiß schon, was gut für sie ist. Sie bringt sowieso nur immer Unruhe ins Haus", grummelte er vor sich hin. Er schien seine Tochter mehr auf Abstand zu lieben.

Die Beamten wollten die Mutter nicht beunruhigen und hielten sich bedeckt.

"Machen Sie sich nicht unnötig Sorgen. Sie wird nur als Zeugin bei einem Autounfall mit Fahrerflucht gesucht. Man hat sie auf ihrem Motorroller vorbeifahren sehen. Vielleicht kann sie eine wichtige Aussage machen."

Die Mutter nahm ihre Tochter gleich in Schutz: "Das sieht ihr gar nicht ähnlich, dass sie vorbeigefahren ist. Sie ist doch Krankenschwester und immer so pflichtbewusst. Aber vielleicht hat sie vom Unfall gar nichts mitgekriegt, weil sie sich ganz auf ihren Roller konzentriert hat. Den hat sie sich erst vor einer Woche gekauft", erklärte sie den Polizeibeamten.

Auf deren Bitten gab sie ihnen ein Foto von ihr mit, das eine attraktive schlanke Frau, Anfang 30, mit kurzem Blondschopf in festlichem hellblauen Kostüm zeigte.

"Das ist von Ostern. Habe ich selbst mit meiner neuen Digitalkamera aufgenommen", sagte sie voller Stolz.

Nun wurde eine systematische Suchaktion gestartet.

Kapitel 3

Nach dem langen Pfingstwochenende drängten sich am Mittwochmorgen die Medizinstudenten in blauen Einmalkitteln im engen Flur vor dem Obduktionssaal der Pathologie. Nur wenige hatten es gewagt, länger blau zu machen. Die anderen – typisch Medizinstudenten – hielten sich streng an ihren Stundenplan. Sie hatten zu viel Manschetten vor der Pathologie-Klausur am Ende des Semesters.

Für Jochen gab es noch einen anderen Grund, weshalb er keine Obduktion versäumte, die für Studenten zugänglich war. Es gab für ihn keine interessantere Veranstaltung in der Medizin. Hier wurden nicht selten Diagnosen korrigiert und Therapie-Fehler aufgedeckt. Wie konnte man damit als Arzt umgehen?

Ein erfahrener Kliniker hatte sie bei der Einführung in die klinische Medizin gewarnt. "Im klinischen Alltag leben wir mit Siegen und Niederlagen. Wir können nicht allen helfen. Wir sind nicht allmächtig und nicht allwissend. Wer das nicht akzeptieren kann, sollte lieber mit dem Studium aufhören. Jeder macht Fehler. Wir können uns nur um größtmögliche Sorgfalt bemühen und uns damit trösten, dass wir Menschen sind, keine Halbgötter. Und wir müssen lernen, zu unseren Fehlern zu stehen."

Das hatte ihn tief berührt.

Eigentlich wollte Jochen auf keinen Fall Arzt werden. Er hatte das abschreckende Beispiels seines Vaters vor Augen, der Internist in Kassel war. Was war das für ein Leben, wenn man nach einem anstrengenden Arbeitstag abends meistens nur noch beim Fernsehen schlief und zu einem normalen Familienleben nicht mehr fähig war? Nur am Wochenende war mit ihm etwas anzufangen – wenn er nicht im ärztlichen Notdienst im Einsatz war.

Ihm selbst sollte das nicht passieren.

Ursprünglich hatte Jochen daher sein Hobby zum Beruf machen und Sport studieren wollen. Das war ein Beruf, der ihm viel Spielraum für private Interessen lassen würde, mit viel Urlaub und wenig Aufwand bei den Unterrichtsvorbereitungen. Als zweites Fach hatte er sich Latein ausgeguckt. Das war eine tote Sprache, es gab keine Weiterentwicklung mehr, die einen ständig auf Trab hielt. Auch wenn ein paar Leute den Anschein erwecken wollten, als lebe die Sprache noch – wie ein pensionierter Professor in München und der alte Mann im Vatikan.

Aber er hatte die Rechnung ohne die Familie gemacht. Sein Großvater war Hausarzt gewesen, sein Vater ging in seinem Beruf auf. Für die beiden war es selbstverständlich, dass er mit einem Notendurchschnitt im Abi von 1,3 Medizin studieren würde. Sein Großvater hatte ihn mit überzeugenden Argumenten umgestimmt.

"Junge, ich weiß, du hast eigentlich andere Vorstellungen, aber glaube mir, auch Lehrersein ist kein Zuckerschlecken. Kannst du dir vorstellen, dich ein Leben lang mit den faulen, verzogenen Kinder anderer Leute abzuplagen, die gar kein Interesse daran haben, etwas zu lernen? Die meisten Lehrer, die ich kenne, sind frustriert von dieser Sisyphusarbeit. Ich habe sie wegen der vielen Ferien nie beneidet. Die hatten immer Angst vor dem Ende der Ferien, während ich mich nach einem Urlaub immer auf die Arbeit gefreut habe. – Ich mach' dir einen Vorschlag: Versuch es, mir zuliebe, erst einmal mit der Medizin. Sie bietet tausend Möglichkeiten. Wenn du wirklich beim Sport bleiben willst, könntest du dich beispielsweise später ja immer noch auf Sportmedizin konzentrieren."

Und dann kam der entscheidende Köder: "Ich habe mit deinem Vater schon darüber gesprochen: Solange du Medizin studierst, finanziere ich dir das Studium. Falls du es dir anders überlegst, trägt dein Vater die Kosten für das zweite Studium. Du gehst also kein Risiko ein. Und wenn du bei der Medizin bleibst, zahlt dir jeder von uns nach dem Examen 10.000 Euro."

Diese Schlawiner! Natürlich hatte er nicht widerstehen können.

Die ersten beiden Semester hatte Jochen mit Mühe hinter sich gebracht. Es war eine geistlose Paukerei für Fächer, die ihn nicht interessierten. Mehr als einmal hatte er daran gedacht, das Studium zu schmeißen. Das anspruchsvolle Physiologie-Praktikum half ihm, diese Durststrecke zu überwinden. Auch ein Seminar mit klinischen Themen, von manchen als Alibi-Veranstaltung kritisiert, hatte ihn bei der Stange gehalten. Als Patienten dienten zum Teil eigens geschulte Schauspieler, die überzeugend einen Patienten simulierten. Er kam sich immer ein bisschen wie ein Detektiv vor, wenn es darum ging, eine Krankheit zu diagnostizieren. Das machte richtig Spaß.

Am spannendsten für ihn war die Frage am Schluss, ob es sich um einen echten Patienten oder einen Schauspieler handelte. Er schien ein gutes Gespür für Simulanten zu haben, denn er lag fast immer richtig.

Dann kam der Präparierkurs, der gefürchtet war, weil fast jede Woche ein Testat zu bestehen war. Aber für Jochen war er die Rettung. Es faszinierte ihn, das Geheimnis der Muskeln, Nerven und Organe durch sauberes Präparieren zu lüften. Und er hatte ein ausgezeichnetes optisches Gedächtnis. Die Testate waren für ihn ein Kinderspiel. Er war begeistert. Die meisten seiner Kommilitonen konnten das nicht nachempfinden. Sie paukten für die Testate lieber bei einem Espresso oder Bier aus den Anatomie-Büchern, während er mit so viel Leidenschaft an 'seiner' Leiche arbeitete, dass er sich nach dem Pflichtkurs sogar noch für zwei weitere Semester als wissenschaftliche Hilfskraft anheuern ließ.

Das Geld investierte er in einen gebrauchten Smart, der ihn durch das Logo eines Bestattungsunternehmens in Bann zog. Andere Interessenten waren davon abgeschreckt worden, sodass er erstaunlich günstig zu seinem fahrbaren Untersatz gekommen war. Den 'Floh', wie er ihn getauft hatte, konnte er jetzt besonders gut gebrauchen, weil die meisten Veranstaltungen nach dem Physikum in den Lahnbergen stattfanden. Es war ziemlich umständlich, mit dem Bus vom Duisberghaus dorthin zu gelangen.

Er hatte überlegt, ob er das Logo überkleben lassen sollte. Dann hatte er aber gemerkt, dass es im Klinikum eine Art Persilschein war, obwohl man mit dem Smart höchstens Urnen oder Zwergenleichen transportieren konnte. Und letztere waren mit dem Ableben der Brüder Grimm auch in Mittelhessen rar geworden. Sogar in der Oberstadt, die für den öffentlichen Verkehr gesperrt war, war er bisher ohne Strafzettel davon gekommen. Da machte es ihm nichts aus, als Werbeträger für ein Bestattungsunternehmen durch die Gegend zu fahren.

Jochen hatte gerade noch rechtzeitig den Einmalkittel übergeworfen und sich zu den wartenden Medizinstudenten gesellt, da öffnete sich die Tür des Sekretariats und 'Gottvater', wie ihn die Studenten nannten, erschien auf der Bildfläche.

Melzing war ein alter Haudegen von etwa 60 Jahren, dessen kantiges großflächiges Gesicht durch einen Schmiss auf der rechten Wange geradezu martialische Züge hatte. Er war stolz darauf, 'Alter Herr' bei der Schaumburgia, einer schlagenden Verbindung, zu sein, die ihr burgartiges Verbindungshaus in der Oberstadt hatte. Mit seiner wuchtigen Gestalt bahnte er sich mühelos den Weg durch die wartende Studentenschar.

"Was ist denn hier los? Sind wir denn auf dem Jahrmarkt?" Mit seiner dröhnenden Stimme aus einer Höhe von knapp eins neunzig brachte er das Stimmengewirr augenblicklich zum Verstummen.

Stirnrunzelnd sah er sich das Tohuwabohu in den heiligen Räumen der Pathologie an, das nicht nur dem Gedränge der Studenten, sondern auch dem Überhang von Leichen durch das Pfingstwochenende zu verdanken war. Dann stellte er sich energisch der Herausforderung des Tages:

"Dann wollen wir mal!"

Die Studenten scharten sich eng um ihn, um sich möglichst keines seiner Worte entgehen zu lassen.

"Was meinen Sie, wie häufig eine falsche Todesursache angegeben wird?", fragte er in die Runde.

"Vielleicht fünf bis zehn Prozent?" versuchte eine forsche Kommilitonin von Jochen eine erste Schätzung.

"Sie Optimistin", wies Melzing sie in ihre Schranken und fuhr dann dozierend fort: "Man geht heute davon aus, dass nur knapp die Hälfte der Diagnosen richtig ist. Und das hat verheerende Konsequenzen, wie Sie sich vorstellen können: Die Ärzte lernen nichts dazu. – Was aber, davon einmal abgesehen, meine Herrschaften, noch wichtiger ist:" Er zog die Augenbrauen hoch und machte eine Aufmerksamkeit heischende Pause.

"Zahlreiche Verbrechen bleiben ungesühnt. Ich lege deshalb besonderen Wert darauf, dass die auf dem Totenschein angegebene Diagnose vor dem Abtransport durch ein Bestattungsunternehmen noch einmal überprüft wird, selbst wenn wir nicht obduzieren."

Er winkte seinem Assistenten zu und nahm Leiche um Leiche kurz in Augenschein, verglich die Angaben in den beigefügten Unterlagen mit seinem eigenen Inspektionsbefund und erteilte die Freigabe zur Bestattung oder veranlasste die zielgerichtete Obduktion durch einen seiner Mitarbeiter, wenn dagegen kein Einspruch erhoben worden war.

Nach den ersten drei Leichen, die schnell überprüft waren, wurde ein junger Mann mit zahlreichen Verletzungen und Drainage-Schläuchen präsentiert. Zu seinem Entsetzen erkannte Jochen seinen Patienten vom Nachtdienst. Sein ganzer Einsatz in der Nacht vor der Regatta war vergeblich gewesen!

"Motorradunfall! Da haben sich die Kollegen von der Unfallchirurgie umsonst die Nacht um die Ohren geschlagen", konstatierte Melzing lakonisch.

Dann war da ein 72-jähriger Raucher, der an Lungenkrebs gestorben war. Die Obduktion würde ein teerfarbenes Organ anstelle der eher hellen Lunge eines Nichtrauchers zu Tage fördern. Melzing genoss es, mit solchen eindrucksvollen Befunden die Studenten zu schocken. Vielleicht würde das dem einen oder anderen zu denken geben.

"Und hier ein Pankreaskarzinom. Ein Potator – auf gut Deutsch: Säufer. Ist ganze achtundfünfzig Jahre geworden." In Melzings Stimme schwang etwas Bedauern mit. Hier würden narbige Veränderungen an Leber und Bauchspeicheldrüse einen nachhaltigen Eindruck hinterlassen. Aber ob er damit den Alkoholkonsum der Medizinstudenten beeinflussen konnte? Er selbst lebte auch nicht gerade abstinent.

Diese und einige weitere Leichen wurden von Melzing nur kurz auf Stimmigkeit der Angaben geprüft und mit einer kurzen Erläuterung schnell durchgewunken. Melzing hatte bisher nichts zu beanstanden und war froh, dass er so gut vorankam. Die Studenten spürten, dass er angesichts des großen Arbeitspensums nicht mit Fragen belästigt werden wollte.

"Krüger, wie viele sind es noch?" fragte er leise seinen Assistenten und meinte damit die Zahl der Leichen, die er noch zu begutachten hatte.

"Drei", flüsterte dieser ihm zu.

Das war beruhigend. Nun konnte er es sich leisten, das Tempo etwas zu drosseln und den Studenten auf den Zahn fühlen. Er genoss es, sein Wissen und seine Macht zu demonstrieren.

Er schaute kurz auf ein kleines Mädchen, das als nächstes auf einer Liege herein gerollt wurde, und fragte nach einem Blick auf die Unterlagen merkwürdig sanft:"Was meinen Sie, wie alt die Kleine ist?"

"Vier Jahre", schätzte ein Student, "Eher fünf", meinte seine Nachbarin.

"Fügen Sie ruhig noch ein paar Jahre hinzu. Sie ist gerade mal neun Jahre geworden", korrigierte der Pathologe, der an seine Enkelin denken musste. Sie war genauso alt, aber deutlich größer und wohl genährt, immer zu Späßen aufgelegt – ein wahrer Sonnenschein.

Er rief sich zur Ordnung: keine Gefühlsduselei!

"Also zu klein und unterentwickelt, dystroph, wie wir sagen. Können Sie sich einen Reim darauf machen?" fragte er mit wieder etwas gefestigter Stimme. Trotzdem spürte man ihm noch an, dass ihm der Tod des kleinen Mädchens nahe ging.

Die Studenten mussten erst einmal seinen Stimmungsumschwung verdauen.

Nur Kai, den Jochen vom Tennisspielen kannte, witzelte ungerührt: "Eine chinesische Kunstturnerin." Er hatte den Stimmungsumschwung von 'Gottvater' nicht mitbekommen.

Melzings Sanftmut war wie weggeblasen: "Haben Sie denn vor gar nichts Respekt? Das ist hier nicht der Ort, Witze zu machen." Er war kurz vor einem seiner gefürchteten Wutausbrüche, die Freund und Feind gleichermaßen treffen konnten. Niemand war vor ihm sicher, wenn er die Kontrolle verlor.

"Könnte es ein fetales Alkoholsyndrom sein? Vielleicht war die Mutter Alkoholikerin?" warf Karin vorsichtig ein. Sie lernte alles, was ihr in die Finger kam, egal ob wichtig oder nicht. Heute rettete sie mit ihrer Frage die Situation.

Jochen, der wegen ihres Lerneifers immer etwas über sie herzog, leistete ihr insgeheim Abbitte.

Melzing stürzte sich auf die Frage, wie ein Hund, dem ein Knochen hingeworfen wird, nachdem er Kai nach einmal mit einem bösen Blick gestreift hatte.

"Gar nicht schlecht die Idee", lobte er, "aber dann sähe das Gesicht anders aus: Breiter Nasenrücken, flaches Mittelgesicht und großer Augenabstand, man nennt das 'dysmorph'." Er war in seinem Element.

Dann schaute er noch einmal auf den Kurzbericht, der vom betreuenden Arzt zusammengestellt worden war.

"Vielleicht hilft Ihnen das weiter: Nach den Angaben des Arztes von der pädiatrischen Intensivstation lag eine schwere chronische Lungenkrankheit im Endstadium und eine komplette Funktionsstörung der Bauchspeicheldrüse vor." Um die Sache zu beschleunigen, ergänzte er, "Und noch ein Tipp. Es handelt sich um eine Erbkrankheit."

"Vielleicht eine Mukoviszidose", riet die Studentin, die mit dem Alter so weit daneben gelegen hatte und nun die Scharte auswetzen wollte. "Aber ich dachte, die Patienten würden inzwischen älter. In der Vorlesung haben wir mal einen 28-jährigen gesehen, der noch ganz fit war."

"Sehr gut, Frau Kollegin", zollte ihr der Professor Anerkennung. "Die mittlere Lebenserwartung dieser Patienten liegt inzwischen bei fast 30 Jahren. Aber es gibt leider immer noch Patienten mit einer so schweren Ausprägung der Krankheit, dass alle neuen Behandlungsmöglichkeiten nichts nutzen. Schauen Sie, wie lange die Liste der therapeutischen Maßnahmen ist." Er hielt einen Computerausdruck des letzten Arztbriefs in die Höhe, der über ein DINA4-Blatt eng beschrieben war.

"Und welche Organe interessieren uns demnach besonders bei der Obduktion?" Einmal auf die richtige Spur gebracht, zeigten die Studenten, dass sie brav gelernt hatten: "Die Lungen und die Bauchspeicheldrüse" ertönte es vielstimmig wie in einer Schulklasse.

"Ganz recht, neuerdings auch der Dünndarm. Auf den konzentriert sich die Forschung unserer Gastroenterologen. Da gibt es noch viel zu klären." Zufrieden, dass er seinen aktuellen Kenntnisstand präsentieren konnte, schaute der Meister auf seine Eleven. Dann wandte er sich – schon wieder ungeduldiger werdend – an seinen Assistenten.

"Die nächste, bitte."

Fast wie bei meinem Vater in der Praxis, dachte Jochen. Nur dass die Patienten schon tot sind und einem nicht so viel Stress machen. Er hätte nie geglaubt, dass er sich in diesem Punkt so gewaltig irren würde!

Bei der Leiche, die jetzt herein geschoben wurde, handelte es sich um eine Frau von vielleicht Mitte dreißig. Schade um diese schöne junge Frau, dachte Jochen unwillkürlich. Hübsches ovales Gesicht, blonde kurze Haare, knabenhafte schlanke Figur, selbst als Leiche noch attraktiv.

Als Nächstes fielen ihm nur einige Hautläsionen an der rechten Seite auf, die wie Schürfwunden aussahen, – und die intensiv blau lackierten Fingernägel, die sich von den leichenblassen Händen bizarr abhoben. Königsblau! Das hatte er noch nie bei einer Toten bewusst wahrgenommen. Aber davon abgesehen, die Farbe erinnerte ihn an irgendetwas. Im Moment kam er nicht drauf. Er wusste nur: Mit dem FC Schalke 04 hatte es nichts zu tun.

"Fällt Ihnen hier etwas auf?" wiederholte Melzing seine oft gestellte Frage.

Ratloses Schweigen. Niemand meldete sich auf die Frage des Pathologen. Operationswunden, die einen Hinweis geben konnten, gab es nicht.

Selbst Gottvater schien ratlos. Er stutzte. Dann sah er sich die Unterlagen sorgfältig an.

"Die Schürfwunden rechts und – die blauen Fingernägel", platzte es aus Jochen heraus. Er hätte sich die Zunge abbeißen mögen. Und doch hätte er nun noch gern ein Detail hinzugefügt, das ihm erwähnenswert erschien. Am kleinen Finger der linken Hand fehlte ein Stück des Fingernagels.

Aber Melzing ließ ihn nicht ausreden, offenbar war er in den Unterlagen fündig geworden.

"Nach Angaben des Kollegen aus der Kardiologie, der die Formulare ausgefüllt hat, hatte sie früher mehrmals Vorhofflimmern, wenn Ihnen das etwas sagt. Sie war medikamentös eingestellt, aber vielleicht hat sie – wie viele Patienten – die Medikamente nicht regelmäßig eingenommen. Die geringfügigen Hautverletzungen, die Sie hier sehen", er deutete mit einer Handbewegung auf die Schürfwunden, auf die Jochen schon hingewiesen hatte, "kann sie sich beim Zusammensinken während des Todeskampfes zugezogen haben. Und im übrigen …", sein süffisantes Lächeln traf den Studi, der diese – seiner Ansicht nach unbotmäßige – Bemerkung von sich gegeben hatte, "wissen wir jetzt, dass Blau ihre Lieblingsfarbe ist. Das ist natürlich von größter Bedeutung. Ich sehe: Sie haben immer das Wesentliche im Auge!" seine Stimme war voller Ironie.

Melzing war jedes Mittel recht, die Studenten aus ihrer Lethargie zu wecken und zu höchster Aufmerksamkeit zu stimulieren. Dass ihn das viele Sympathiepunkte kostete, störte ihn nicht.

Normalerweise hätte sich Jochen maßlos darüber geärgert, aber diesmal war er mit seinen Gedanken schon woanders.

Er spürte, er würde jeden Moment darauf kommen, was das Blau der Fingernägel bedeutete. Dennoch zwang er sich, den Ausführungen des Professors zu folgen, für den Fall, dass der mit einer Zwischenfrage kontrollieren würde, ob alle bei der Sache wären. Er konnte es sich nicht leisten, jetzt auch noch bei einer Unaufmerksamkeit erwischt zu werden.

Aber er machte sich unnötig Gedanken. Melzing hatte inzwischen andere Sorgen. Er hatte die Tote in Bauchlage drehen lassen, um zu demonstrieren, dass sich die gut ausgebildeten Totenflecken am Rücken nicht mehr wegdrücken ließen – da hielt er überrascht die Luft an. Dann stieß Melzing zischend die Luft aus. Uichch!

Seine geschulten Augen hatten eine bläulich unterlaufene Schwellung entdeckt, die teilweise von den Nackenhaaren verdeckt wurde. Als er die Haare zur Seite schob, konnten sogar die Studenten erkennen, dass die Schwellung quer vom rechten Hinterhaupt über den Nacken zum Rand des linken Schulterblattes verlief.

Auch das konnte bei dem Sturz im Todeskampf passiert sein. Andererseits war eine Gewalteinwirkung mit einem stumpfen Gegenstand nicht ausgeschlossen. Auf jeden Fall mussten die näheren Umstände geklärt werden.

Er wollte zwar die Details nicht vor den Studenten erörtern, aber sie sollten doch mitbekommen, dass hier Zweifel angebracht waren.

"Also was haben wir: Alter: 32 Jahre. Auf dem Totenschein angekreuzt ist: 'Natürlicher Tod'. Todesursache nach Ansicht des Kollegen aus der inneren Medizin: Herzstillstand bei bekannten Herzrhythmusstörungen. Aber diese auffällige Schwellung im Nacken, die muss noch genauer untersucht werden", schloss er sachlich.

"Nichts für uns, Herr Krüger!", raunte er seinem Assistenten zu. "Machen Sie kein großes Aufsehen, rufen Sie in der Pause bei der Polizei und bei der Rechtsmedizin in Gießen an."

Jochen, der gleich daneben stand, bekam trotzdem alles mit. Er war wie elektrisiert und hatte es plötzlich eilig. Gerade war ihm eingefallen, was ihn die ganze Zeit beschäftigte. Der Nagellack der Toten: Das war genau der Farbton des Motorrollers, den er gestern Abend in der Lahn entdeckt hatte. Das konnte Zufall sein, aber die Idee, dass beides miteinander zu tun haben könnte, ging ihm nicht aus dem Kopf.

Während der Pathologe sich der letzten Leiche zuwandte, schob sich Jochen durch den Pulk der dicht hinter ihm stehenden Kommilitonen, die ihn verblüfft anschauten. Nicht nur, dass er freiwillig seinen günstigen Standort aufgab, sondern er riskierte es sogar, Melzing zu brüskieren.

Im Umkleideraum riss er sich den Einmalkittel herunter, holte hastig seine Utensilien aus dem Spind und verließ den Raum, in dem es ein ständiges Kommen und Gehen gab, um ungestört zu telefonieren. Er wäre fast mit einem Mann mittleren Alters zusammengestoßen, der es ähnlich eilig zu haben schien. Er schien gerade von einer Obduktion zu kommen, denn er trug noch den Kopfschutz, der Mundschutz war übers Kinn herunter geschoben. Außer Knopfaugen, einer auffällig braunen Gesichtshaut und einem schmalen Schnurrbart war nicht viel zu erkennen.

"Hallo, Heiko, ich muss dir unbedingt was erzählen", begann er aufgeregt, als dieser sich nach dem fünften Signalton endlich meldete.

"Ich dir auch, gut, dass du dich meldest. Wir haben den Halter, besser die Halterin, des Motorrollers ausfindig gemacht", kam ihm Heiko zuvor.

"Lass mich raten", unterbrach ihn Jochen: "Mittelgroß, schlank, attraktiv, kurze blonde Haare."

"Stimmt genau! Woher weißt du das? Bist du Hellseher?"

"Ich glaube, ich habe sie gerade hier in der Pathologie entdeckt."

"Hej, das ist ja Wahnsinn. Am besten kommst du gleich ans Bootshaus. Beeil' dich. Die Polizei ist hier und sucht mit großem Aufgebot nach der Leiche oder anderen Anhaltspunkten. Übrigens, wir haben ein Foto von ihr. Ich schicke es dir gleich übers Handy."

"Ich fahr' schon mal los", erwiderte Jochen. Das Handy am Ohr, eilte er zu seinem 'Floh'. Schnell manövrierte er ihn aus der winzigen Parklücke und war im Nu im Lahntal.

An der auf Rot geschalteten Ampel vor der Weidenhäuser Brücke schaute er sich das kleine Foto auf dem Display seines Handys an, während ein endlos scheinender Strom von Kommilitonen gemächlich die Straße Richtung Mensa überquerte – auch noch, als die Ampel schon längst auf Grün umgeschaltet hatte – ohne sich um die fluchenden Autofahrer zu scheren.

Ja, das konnte sie tatsächlich sein, die Tote aus der Pathologie. Allerdings bestand zwischen der Frau mit dem fröhlichen Gesicht im blauen Kostüm auf dem Foto und der entkleideten Leiche mit den erstarrten Gesichtszügen ein Unterschied wie Tag und Nacht.

Kapitel 4

Am Bootshaus wimmelte es von Polizisten, die am Lahn-ufer Schritt für Schritt nach verdächtigen Spuren Ausschau hielten, während einige Taucher in voller Ausrüstung die Lahn selbst absuchten. Ab und zu tauchten sie auf, um etwas vom Grund der Lahn nach oben zu befördern, wo zwei Beamte in einem Motorboot warteten, um die Funde in Empfang zu nehmen. Auch mehrere Polizisten mit Schäferhunden, die vorher an der Kleidung aus der Wohnung der Gesuchten Witterung aufgenommen hatten, waren im Einsatz – dem Suchtrupp immer ein paar Meter voraus.

Am Ufer lagen schon säuberlich aufgereiht fünf notdürftig gesäuberte Mobiltelefone, zwei rostige Fahrräder – und der inzwischen geborgene königsblaue Motorroller, der die ganze Aktion ausgelöst hatte. Weitere verdächtige Gegenstände waren bisher nicht aufgetaucht.

"Ich glaube, sie ist es", rief Jochen seinem Freund anstelle einer Begrüßung zu.

Heiko und zwei Männer mittleren Alters, die bei ihm standen, sahen ihn erwartungsvoll an.

"Kriminalhauptkommissar Rückert", stellte Heiko einen hageren Mann mit grauen schütteren Haaren und einem schmalen Gesicht vor, das von einer kräftigen Hakennase beherrscht wurde, so dass es an einen Raubvogel erinnerte. Man traute ihm ohne Weiteres zu, dass er eine Spur beharrlich verfolgte.

"Und das ist Kriminaloberkommissar Berner." Mit einer Handbewegung wies er auf dessen Begleiter hin.

Berner war ein eher kleiner untersetzter Mann, fast so breit wie hoch, mit rotblonden Stoppelhaaren. Bei dem Anblick seines rosigen runden Gesichts mit Ansatz zum Doppelkinn hätte man eher an ein gemütliches Bäuerlein aus dem Hinterland, nicht an einen Kriminalkommissar gedacht. Die leicht vorquellenden, scharf blickenden graugrünen Augen unter den buschigen Augenbrauen warnten allerdings davor, ihn zu unterschätzen. Vom Sport her kannte Jochen solche kompakten Typen, die schnell wie ein Blitz sein konnten. Nur mit der Ausdauer haperte es meistens.

Jochen gab beiden die Hand: "Jochen Haller."

"Er hat den Motorroller entdeckt", erklärte Heiko.

Jochen fühlte sich von Rückert in Sekundenschnelle eingeschätzt und hoffte, einen passablen Eindruck zu hinterlassen.

"Gut aufgepasst. Die meisten hätten gar nicht darauf geachtet oder wären zu faul gewesen, der Sache nachzugehen", lobte er Jochen.

"Ich hatte Glück, dass die Sonne gerade schien. Sonst hätte ich in dem trüben Wasser wahrscheinlich gar nichts bemerkt", wehrte Jochen das Lob ab. Natürlich hatte er kein Interesse, auf die peinlichen Einzelheiten einzugehen, die zur Entdeckung geführt hatten.

"Darf ich sicherheitshalber das Originalfoto noch einmal sehen?"

"Natürlich." Rückert zog das Foto von Judith Dornbusch aus der Brusttasche seiner schwarzen Lederjacke.

Jochen warf nur einen kurzen Blick darauf, um sich zu vergewissern. "Ja, das ist sie, auch wenn man ihre Finger nicht sehen kann. – Die Leiche hat nämlich Fingernägel genau in der Farbe des Motorrollers", erläuterte er. "Das hat mich drauf gebracht."

"Wie meinen Sie?" der Kommissar war verdutzt, er verstand nicht gleich.

"Die Tote, die ich in der Pathologie gesehen habe, hat die Fingernägel passend zu ihrem Roller lackiert", wiederholte Jochen.

"Ja, so was soll's geben", konstatierte Rückert nüchtern. Seine Erfahrungen mit modebewussten Frauen schienen nicht die besten zu sein.

Als Jochen ergänzte, dass ihm das Fehlen eines Nagelstücks am kleinen Fingers der linken Hand der Toten aufgefallen war, nickte der Kommissar anerkennend und grinste: "Dann haben wir ja schon fast alles zusammen. Fehlt uns nur noch ein Stück Fingernagel – und der Täter."

Jochen spürte die Erleichterung darüber, dass der Hauptkommissar die Sache ernst nahm und nun ein Profi die Verantwortung übernahm.

Rückert ließ sofort die Suchaktion abbrechen und beauftragte Berner, den Transport der Leiche aus der Pathologie in die Rechtsmedizin zu veranlassen, wo eine gründliche forensische Untersuchung durchgeführt werden sollte.

Berner entfernte sich etwas von der Gruppe, um in Ruhe telefonieren zu können. Die anderen bekamen nicht mit, was er im Einzelnen sagte, sahen aber, dass das Rot seines Vollmondgesicht immer intensiver wurde. Erst nach einer Weile hörten sie seine helle Stimme laut werden. "Das glaube ich nicht. Das gibt's doch gar nicht!" Die anderen schauten ihn fragend an. Aber offenbar musste er noch den Redeschwall seines Gesprächspartners über sich ergehen lassen, bevor es ihm gelang, ihn zu unterbrechen. "Wir kommen, so schnell es geht."

Dann rief er seinem Chef zu: "Jens, ob du es glaubst oder nicht: Die Leiche ist weg!"

Professor Melzing tobte, als sein Assistent ihn über das Verschwinden der Leiche informierte.

"Das ist uns ja noch nie passiert! Krüger, lassen Sie noch einmal alles gründlich durchsuchen. Bis die Kripo kommt, muss sie wieder da sein. Und fragen Sie noch einmal in Gießen nach, ob sie nicht inzwischen dort aufgetaucht ist."

Aber die Leiche blieb unauffindbar, und mit ihr waren alle Unterlagen verschwunden. Es existierten nur noch die mageren Notizen, die sich Krüger während der kurzen Leichenschau seines Chefs gemacht hatte.

*

Als sich die Kripo-Beamten bei seiner Sekretärin, Frau Hainbuch, meldeten, wurden sie sehr freundlich empfangen. Sie hatte ein perfektes Make-up, das ihre gut 50 Jahre fast vergessen ließ, wenn man nicht gerade auf die Falten an ihrem Hals achtete. Auch die schwingenden raumgreifenden Schritte, die an den einstudierten Gang eines Models auf dem Catwalk erinnerten, verliehen ihr eine jugendliche Frische. An der Tür, die zum Arbeitszimmer Ihres Chefs führte, verharrte sie kurz, drehte sich zu Rückert um, als wolle sie am Ende des Laufstegs ihre Garderobe präsentieren, und lächelte ihn leicht kokett an, während der Saum ihres roten Volantrockes über ihren Knien tanzte.

Keine schlechte Figur für ihr Alter und sehr attraktiv, fand Rückert. Da konnte sich seine etwas pummelige Sekretärin eine Scheibe abschneiden.

"Herein", hörte man den kräftigen, wohl tönenden Bass von Melzing, als sie klopfte. Er bequemte sich, die ungebetenen Gäste unverzüglich zu empfangen. Wahrscheinlich plagte ihn das schlechte Gewissen. Als er Jochen erkannte, zog er zwar kurz die Augenbrauen hoch, akzeptierte aber notgedrungen Rückerts Erklärung, dass er eine wichtige Rolle als Zeuge spiele.

Jochen betrat das Allerheiligste des Pathologen zum ersten Mal und schaute sich verstohlen um, während sich die Kripobeamten auf Melzing konzentrierten. Der Raum wurde von einem mächtigen Mahagoni-Schreibtisch und von Regalen beherrscht, die vom Boden bis zur Decke reichten und mit Fachbüchern, Zeitschriften und Manuskripten voll gepfropft waren – eine kleine Ecke mit Waschbecken und Garderobe ausgenommen. Dort hingen ordentlich auf Bügel aufgehängt Jackett, ein grüner altmodischer Lodenmantel und ein weißer Kittel. Auf der Ablage war ein Hut mit Gamsbart zu erkennen. Fehlte nur noch die Jagdflinte. Unwillkürlich musterte Jochen die Garderobe etwas gründlicher. Aber da war keine Waffe zu sehen. Innen an den Holzrahmen war statt dessen eine Golftasche gelehnt, in der mehrere Schläger steckten. Der Professor hatte Hobbys, die seiner würdig waren.

Ein kostbarer Perserteppich mit eindrucksvollen Jagdornamenten, der zwar viel hermachte, aber eigentlich gar nicht recht zur sonstigen Ausstattung passte, war der einzige Farbtupfer in dem Zimmer. Melzing bot ihnen Platz in einer Sitzecke mit rundem Tisch an.

"Ich bin untröstlich, dass die Leiche verschwunden ist. Wir haben alles in Bewegung gesetzt, sie zu finden – bisher ohne Erfolg."

Jochen kam es geradezu wie Blasphemie vor, dass Gottvater Melzing wie ein gewöhnlicher Mensch vernommen wurde. Andererseits tat es ihm gut, mit zu erleben, wie der von sich selbst so eingenommene Pathologe von seinem Thron geholt wurde.

Als Rückert sich erkundigte, was auf den Begleitpapieren der Toten gestanden hatte, legte er ostentativ die Fingerspitzen unter der Nase aneinander, um zu signalisieren, dass er sich die größtmögliche Mühe gab. Er wiederholte die Angaben, die er den Studenten bei der Leichenschau vorgetragen hatte, fast wörtlich.

Die Frage nach der Unterschrift unter den Totenschein konnte er nur vage beantworten.

"Das war ein unleserliches Gekrakel", sagte er zögernd. Wahrscheinlich hatte er gar nicht darauf geachtet. Jochen fand, dass er nicht gerade eine souveräne Figur machte. Und vor dem hatten sie alle Angst!

Am Schluss schien Melzing doch noch etwas Wichtiges einzufallen: "Zumindest der Name der Station fällt mir jetzt wieder ein. Der passte zur angegebenen Todesursache. Station Forßmann, Innere Medizin."

"Das ist doch wenigstens eine konkrete Spur", murmelte Rückert enttäuscht. Offensichtlich hatte er sich von einem Professor mehr erhofft.

"Und wie kamen Sie auf die Idee, dass ein Fremdverschulden vorliegen könnte?"

"Da gab es eine blutunterlaufene Schwellung quer über den Nacken. Herr Haller kann das sicher bestätigen, auch wenn ihn die Farbe der Fingernägel bei der Leiche mehr interessiert hat als die Pathologie", er konnte sich diesen Seitenhieb nicht verkneifen. Jochen hätte nie gedacht, dass Melzing sich seinen Namen gemerkt hatte. Vielleicht war er an Rudersport interessiert, oder es lag nur daran, dass er fast so groß wie Melzing war.

Er freute sich, dass Rückert ihm gleich Schützenhilfe gab. "Immerhin hat uns dieser Hinweis von Herrn Haller auf die Spur der Vermissten geführt."

Erstaunt blickte Melzing den Kommissar an. Rückert gab ihm jedoch keine weitere Erklärung, so dass der Professor schließlich fortfuhr.

"Wie dem auch sei, jedenfalls sah das sehr verdächtig aus – wie ein Schlag in den Nacken mit einem stumpfen länglichen Gegenstand. Ich dachte gleich an einen Genickbruch, aber ohne Obduktion …?" Melzing hob die Schultern, um kund zu tun, dass er seine Hände dafür nicht ins Feuer legen könne.

Mehr war nicht aus ihm herauszuholen. Die drei verabschiedeten sich eilig, um der neuen Spur nachzugehen.

"Irgendwie scheint der Arzt, der den Totenschein ausgefüllt hat, da mit drin zu stecken. Er wollte den Pathologen die Leiche offenbar mit einer falschen Diagnose unterjubeln", rekapitulierte Rückert.

"Konzentrieren wir uns erst einmal auf die Suche nach ihm und der Leiche."

Er rief seine Sekretärin an und trug ihr auf, den Staatsanwalt über den neuen Fall und seine nächsten Schritte zu informieren. "Falls ich gesucht werde, bin ich übers Handy erreichbar."

"Mit Sicherheit kennt sich der Täter hier im Klinikum gut aus. Vielleicht ist er sogar auf der genannten Station tätig. Wie kommen wir dahin?" wandte er sich an Jochen.

Statt den Weg zu beschreiben, sagte Jochen bereitwillig: "Ich kann Sie hinbringen, ich kenne die Kardiologie vom Unterricht am Krankenbett."

Er erinnerte sich daran, wie beeindruckend er es fand, dass die Ärzte allein anhand der Herzgeräusche beim Abhören und einiger typischer Hautveränderungen ihre Verdachtsdiagnosen gestellt hatten, die später durch Elektrokardio-

gramm, Sonografie und Herzkatheteruntersuchung weitgehend bestätigt wurden.

Der Tag war sowieso gelaufen. Und ihr Tutor, ein Medizinstudent aus dem zehnten Semester hatte es ihnen in der
Einführungswoche zu Beginn des klinischen Studiums eingebläut: "Das Medizinstudium ist völlig verschult. Nur so
kann man die Unmenge der Studenten möglichst rasch durch
die Ausbildung schleusen. Ihr seid über 150 in Eurem Semester. Nutzt diese Anonymität aus und schaut euch auch woanders um, natürlich nicht gerade am Ende des Semesters,
wenn die Klausuren anstehen."

Und was gab es Interessanteres, als der Kripo bei der Arbeit
über die Schulter zu schauen? Vielleicht konnte er sogar zur
Lösung des Falles beitragen.

"Gern, wenn es Ihnen nichts ausmacht", akzeptierte
Rückert den Vorschlag, ohne zu zögern. "Man kennt Sie als
Medizinstudenten, und wir könnten so lange wie möglich
inkognito auftreten, vielleicht als Ihr Vater und Onkel?"

"Gute Idee, wildfremde Leute darf ich nicht einfach durch
die Klinik führen. Bei Verwandten wird schon mal eine Aus-
nahme gemacht. Aber ..." er blickte sie fragend an, "Sie
müssten einverstanden sein, dass ich Sie duze. Sonst nimmt
uns das niemand ab."

"Kein Problem", antwortete der Hauptkommissar im Namen beider, "Wir sind ja inzwischen so gut wie Kollegen. Im
übrigen", er schmunzelte, "viele Knackis duzen uns beim
Verhör im Eifer des Gefechts. – Ich bin Jens und das ist Oliver,
genannt Olli."

Der Name Olli passte wie die Faust aufs Auge. Jochen
kannte den schwulen Olli aus dem Studentenwohnheim, einen schlanken Kunststudenten, der beim Sprint durch seinen

eleganten Laufstil beeindruckte. Er war überhaupt sehr aktiv, unter anderem auch im Ballett des Stadttheaters. Einen größeren Unterschied zu dem stämmigen Kommissar hätte er sich nicht vorstellen können.

"Also, dann los, folgt mir unauffällig." Natürlich fühlte Jochen sich geschmeichelt, dass er nun gewissermaßen zum Ermittler-Team gehörte.

Das Klinikum auf den Lahnbergen war zwar relativ weit von der Stadt abgelegen, was von vielen – Bürgern wie Studenten – bedauert wurde. Aber dafür war es räumlich nicht beengt. Alles lag dicht beisammen und war schnell erreichbar. Zehn Minuten später waren sie auf der Station Forßmann in der Inneren Medizin. Sie hatten Glück: Die geplanten Herzkatheteruntersuchungen waren glatt verlaufen und schon abgeschlossen. Die Stationsschwester und die Ärzte der Kardiologie saßen gerade bei einem Kaffee im Gemeinschaftsraum und machten Kurvenvisite. Keiner kümmerte sich um die Besucher, die sich unter Jochens Führung die Katheterräume ansahen.

"Wie kann man sich am einfachsten einen Überblick über die Ärzte verschaffen, ohne viel Staub aufzuwirbeln?" fragte Rückert seinen neuen Mitstreiter.

"Der Plan für den Einsatz der Ärzte hängt im Ärztezimmer und hier unten im Überwachungsraum aus."

Jochen führte sie zum 'schwarzen Brett' im Überwachungsraum, der leicht zugänglich war. Gleichzeitig hatte man von dort durch eine große Glasscheibe gute Sicht auf den zentralen Arbeitsraum. Die Ansammlung von Hightech-Geräten zur blutigen Druckmessung, dazu Kontrastmittelinjektor und moderne Röntgenanlage war imponierend. Natürlich fehlten auch Defibrillator, Intubationszubehör und sonstiges Instrumentarium für Notfälle nicht. Er merkte, dass er in der Achtung seiner neuen Freunde einige Ränge höher kletterte, obwohl er nur den Fremdenführer spielte.

Im Überwachungsraum, der mit den vielen Monitoren und Knöpfen dem Arbeitsplatz eines Fluglotsen im Kontrollturm eines Flughafens ähnelte, hing an einem weißen Magnetbrett unter anderem die Liste der Ärzte und deren Aufgabenverteilung aus. Nachträgliche handschriftliche Korrekturen waren nicht auszumachen. Aber Jochen wollte sicher gehen:

"Schwester Hannah", rief er eine der Schwestern an, die herum wuselten, um wieder für Ordnung zu sorgen, nachdem die Schlacht geschlagen war. Schwester Hannah hatte er durch das kardiologische Praktikum etwas näher kennen gelernt. Sie assistierte bei der Herzkatheterisierung und war für die Einweisung der Studenten verantwortlich.

"Schön, Sie mal wiederzusehen. Das sind mein Vater und mein Onkel. Die wollten sich mal ansehen, wo die Herzkatheteruntersuchungen stattfinden. Vielleicht sind sie selbst bald dran", schwindelte er und fuhr fort: "Ging alles glatt, heute morgen? Oder ist mal wieder einer der Ärzte umgekippt?"

Jochen hatte während des Praktikums einmal mit erlebt, dass einer der jungen Ärzte bei seiner ersten Präparation einer tiefen Leistenvene, über die der Katheter eingeführt werden sollte, ohnmächtig geworden war.

"Hallo – nee, keine Probleme, alles lief wie am Schnürchen." Sie eilte vorbei, ohne sich weiter um sie zu kümmern. Sie hatte jetzt andere Sorgen. Der Messplatz musste für eventuelle Notfälle schnell wieder hergerichtet werden. Besucher waren hier an der Tagesordnung. Meist wurden sie von leidgeprüften Patienten herumgeführt, die ihren Verwandten gern die Folterkammer demonstrierten, der sie kurz zuvor entronnen waren.

Zurück auf Station Forßmann entschieden sich die Kripobeamten, ihr Inkognito aufzugeben, und wiesen sich aus.

Die Ärzte versicherten, dass sie bis auf einen kurzen Stehimbiss in der kleinen Küche der Abteilung ohne Unterbrechung mit Untersuchungen und Auswertungen der Ergebnisse beschäftigt waren. Ihr Alibi würde man – falls nötig – später überprüfen müssen.

"Wer hat denn noch Zugang zu den Formularen und Stempeln auf Station", fragte Rückert die Stationsschwester, die bereitwillig Auskunft gab:

"Die Ärzte und das Pflegepersonal im Nachtdienst."

Wegen der erforderlichen medizinischen Kenntnisse und wegen der Ortskenntnis in der Pathologie, kamen eigentlich nur Ärzte in Frage.

Schnell war geklärt, wer in den Nächten des Pfingstwochenendes ärztlichen Bereitschaftsdienst hatte.

Das waren eine Ärztin und zwei Ärzte.

Berner kümmerte sich um die Ärztin, Frau Dr. Hensing, die momentan im Austausch mit einem Kollegen der Kinderklinik auf der kinderkardiologischen Station den Tagesdienst versah. Sie war eine hagere strenge Frau, von der anstrengenden Arbeit geprägt und vielen persönlichen Enttäuschungen verbittert. Vor allem bei den jüngeren Kolleginnen und Kollegen war sie wegen ihrer schroffen Art gefürchtet. Die Schwestern hatten es besonders schwer mit ihr, weil Frau Dr. Hensing von den Patienten häufig als Schwester tituliert wurde und dann erbost reagierte. Wenn sie umgebracht worden wäre, hätte man jede Menge Verdächtige. Immerhin arbeitete sie im OP verlässlich und sorgfältig. Für den Chef der Abteilung, der selbst nicht gerade als zimperlich galt, war das entscheidend. Ihr Alibi war hieb- und stichfest, ganz abgesehen davon, dass ihr Wagen, ein Mini, nicht sonderlich für einen Leichentransport geeignet gewesen wäre.

Jochen und Rückert stellten Nachforschungen über den zweiten Arzt aus dem Nachtdienst an, einen Herrn Dr. Wenner. Er hatte eigentlich eine Ausbildung als Neurochirurg, war aber später in die Unfallchirurgie zurückgekehrt und galt überall als Joker, wenn im Bereitschaftsdienst eine Lücke zu füllen war. Er fuhr ein Motorrad mit Beiwagen. Damit kutschierte er alles Mögliche durch die Gegend, unter anderem auch seinen Kontrabass. Da er sowohl im Medizinerorchester als auch in mehreren Jazzbands spielte, war er damit fast jeden zweiten Tag unterwegs und im Klinikum bekannt wie ein bunter Hund. Auch Jochen kannte ihn vom Sehen, nicht zuletzt wegen seines unkonventionellen Äußeren. Selbst bei Wind und Wetter ging er mit wehendem Arztkittel und nackten Füßen, die in Holzschlappen steckten, in die Kantine. Er musste regelmäßig gemahnt werden, seinen Kittel an der Garderobe aufzuhängen, weil er von sich aus das Verbot nicht beachtete. Er war seit dem frühen Morgen im OP im Einsatz. Um sein Alibi wollte sich Rückert erstaunlicherweise selbst kümmern.

Zwar erschien in Jochens Augen das Yamaha-Gespann auch nicht gerade für einen Leichentransport prädestiniert. Aber man konnte nie wissen! Und Rückert würde schon seine Gründe haben, weshalb er sich mit ihm persönlich in Verbindung setzen wollte.

Er selbst durfte derweil erste Auskünfte über den Dritten im Bunde, einen Dr. Fabel, zusammentragen. Er bekam schnell heraus, dass er Radiologe war, der damit Zugang zu allen Abteilungen hatte. Mit der Kardiologie verbanden ihn vor allem die Kontrastmitteldarstellungen der Herzkranzgefäße. Die

Radiologen waren ein besonderes Völkchen. Sie hatten die gleiche Grundausbildung wie andere Medizinstudenten. Nach dem Staatsexamen schienen sie aber aus irgendwelchen Gründen die Lust an der praktischen Medizin verloren zu haben. Ihr Schwerpunkt war die bildgebende Diagnostik, die ihnen einen besonderen Zugang zur Medizin erlaubte. Die neuen Errungenschaften wie Ultraschall, Computertomographie, Kernspintomographie und dreidimensionale Rekonstruktionen schienen ihnen derart zu Kopf gestiegen zu sein, dass sie ihre Grenzen nicht mehr kannten und vergaßen, dass all ihre Künste nicht einmal ausreichten, um eine Lungenentzündung im Anfangsstadium zu erkennen. Wenn die Patienten sie nach eigenen Befunden und therapeutischen Konsequenzen befragten, öffneten sich die Schleusen der Allround-Mediziner, für die sie sich hielten. Leider fehlte den meisten die Kompetenz, so dass sie häufig falsche Auskünfte erteilten, was sie bei ihren medizinisch tätigen Kollegen in Misskredit brachte. Nicht selten gab es dann bei den Besprechungen handfeste Auseinandersetzungen und laute Kritik, die auch die Medizinstudenten mitbekamen, so dass schon die Doktoranden der Radiologen von diesem schlechten Ruf mitbetroffen waren.

Wie Jochen von Ärzten und Schwestern hörte, schien bei Dr. Fabel jedes Klischee des typischen Radiologen zuzutreffen – und er fuhr einen schwarzen Geländewagen. Er hatte dienstfrei.

Kapitel 5

Wie verabredet traf Jochen sich eine Stunde später mit den beiden Kommissaren zu einem Kaffee in der Eingangshalle des Klinikums, um Informationen mit ihnen auszutauschen. Wie sie rasch feststellten, kamen Dr. Hensing und Dr. Wenner als Täter kaum in Frage. Dr. Fabel rückte an die erste Stelle der Verdächtigen.

Die Adresse des Arztes rückte der Pförtner erst heraus, nachdem sich die Kriminalbeamten ausgewiesen hatten. Verlegen entschuldigte er sich: "Wissen Sie, manchmal wollen Patienten oder Angehörige direkt Kontakt mit einem Arzt zu Hause aufnehmen. Da sind schon schlimme Sachen passiert. Ein Arzt ist sogar erschossen worden, weil eine Mutter ihn für den Tod ihres Kindes verantwortlich gemacht hat. Deswegen dürfen wir normalerweise Privatanschriften und Telefonnummern nicht weitergeben."

"Ist schon OK", beruhigte ihn Rückert. "Bei uns ist das ähnlich."

Dr. Fabel wohnte in einem Appartementhaus, Ecke Georg-Voigt Straße / alter Kirchhainer Weg, nicht weit vom Klinikum entfernt. Die Kripobeamten – Jochen im Schlepptau – brauchten nur den Kaffweg hinunter zu fahren und in eine Seitenstraße abzubiegen.

Dr. Fabel hatte seine Wohnung standesgemäß im ersten Stock. Als sie an seiner Wohnungstür klingelten, öffnete ihnen ein gepflegt aussehender mittelgroßer Mann, Ende Dreißig. Das schwarze Oberlippenbärtchen verlieh seinem dauergebräunten Gesicht etwas leicht Draufgängerisches, Südländisches, das bei manchen Frauen sicherlich gut ankam. Unter dem dünnen hellblauen T-Shirt, das in Nobeljeans steckte, war eine gut ausgebildete Oberarm– und Brustmuskulatur zu erkennen. Offenbar war er regelmäßiger Besucher eines Sonnen- und Fitnessstudios.

Irgendwie kam er Jochen bekannt vor. Braune Haut, Knopfaugen und das schmale Bärtchen … Wahnsinn, das konnte der Mann sein, mit dem er in der Pathologie fast zusammengestoßen war. Beschwören konnte er es allerdings nicht, da er von den Haaren und der Kinnpartie nichts gesehen hatte.

"Herr Dr. Fabel?" fragte der Hauptkommissar und zückte seinen Dienstausweis.

"Ja, was kann ich für Sie tun?" fragte dieser ohne Anzeichen der Verwunderung oder des Erschreckens.

Rückert kam gleich zur Sache. "Wir vermissen eine junge Frau, kennen Sie sie?"

Der Kommissar reichte ihm das Foto der Gesuchten.

Fabel betrachtete es nur kurz und bat sie dann höflich herein. Sie traten in einen geräumigen Flur. Neben der Garderobe hing auf einem edlen Stahlgestell ein schickes silberfarbenes Rennrad. Sie gelangten durch die offen stehende Tür geradeaus in ein elegant mit schwarzer Ledergarnitur und dickem Berberteppich eingerichtetes Wohnzimmer. Wenn Fabel Zeit gewinnen wollte, ließ er sich das jedenfalls nicht anmerken. Zuvorkommend bot er Getränke an, die abgelehnt wurden. Dann widmete er sich erneut dem Foto und antwortete dann nach einigem Zögern.

"Ja, natürlich. Zuerst hat mich ihr Outfit irritiert. Sie ist hier so brav und seriös gekleidet. Wir haben uns in der Tanzbar 'Chez Angélique' kennen gelernt. Da hatte sie ein knappes bauchfreies rotes Top und einen bunten Zipfelrock an, der ihr beim Tanzen so sexy um die Beine flog. Sie hat mir gleich gut gefallen. Sie heißt Judith, wenn ich mich recht entsinne. Den

Nachnamen kenne ich nicht. Ich hätte gern einen romantischen Abend mit ihr verbracht, wenn Sie verstehen, was ich meine." Er zwinkerte ihnen von Mann zu Mann zu.

"Aber sie hat dann ihre Freundin Ina getroffen, und es wurde nichts daraus. Die beiden hatten sich lange nicht gesehen und hatten sich viel zu erzählen." Er wirkte emotionslos, als gehöre das zu den unvermeidlichen Erfahrungen. Keine Spur von Ärger. Er strahlte Zuversicht aus, dass er beim nächsten Versuch mehr Glück bei ihr haben würde.

"Was ist denn mit ihr?" fragte er.

"Sie wird vermisst", formulierte Rückert vorsichtig, froh darüber, einen neuen Ansatz für seine Ermittlung gefunden zu haben. "Wir befragen alle, die sie am Abend vor ihrem Verschwinden gesehen haben. – Übrigens, können Sie uns etwas mehr über Judiths Freundin sagen? Die könnte uns vielleicht weiterhelfen."

"Ina? – Ich habe nur mitgekriegt, dass sie Kosmetikerin ist", sagte Fabel bereitwillig.

"Aber ich weiß nicht, ob sie sich noch an mich erinnert. Die beiden waren ja dann sehr mit sich selbst beschäftigt."

"Wir werden sehen. Jede Kleinigkeit kann uns vielleicht weiterhelfen." Dann startete Rückert die erste direkte Attacke. "Dürfen wir mal einen Blick auf Ihren Wagen werfen?"

"Natürlich nicht", Fabel zuckte mit keiner Wimper. Entweder war er tatsächlich unschuldig, oder er hatte sich gut in der Gewalt. Er führte sie in die Tiefgarage des Hauses zu einem schwarzen bulligen Mercedes-Geländewagen mit silbernem Kühlergrill und dunkel getönten Seitenscheiben im Fond. Das war ein richtiges Renommierauto, für normale Menschen wie Kripobeamte unerschwinglich.

"Toller Wagen", tat Berner begeistert, während Jochen das Auto in die Rubrik 'Für-Schwanzlose-Neureiche' einordnete.

Für einen Leichentransport war die Nobelkarosse bestens geeignet.

Berner umrundete einmal den Wagen und öffnete die Hintertür. Im Kofferraum, der durch die umgelegten Rücksitze vergrößert war, waren eine Arzttasche aus schwarzem Leder, ein Tennisschläger, ein Warndreieck und – eingewickelt in eine dunkelgrüne Plastikplane – ein Dahon-Klappfahrrad untergebracht. Von einer Leiche keine Spur. Alles sah sehr ordentlich und sauber aus. Er schaute zu seinem Kollegen herüber und schüttelte den Kopf.

"Okay", sagte Rückert. "So weit ist alles in Ordnung. Hätten Sie etwas dagegen, wenn ein paar Kollegen sich Ihren Wagen ansehen?"

Fabel zögerte nur kurz: "Und wie lange dauert das?"

"Zwei bis drei Stunden höchstens. Bis dahin möchte ich Sie bitten, sich zur Verfügung zu halten."

"Also gut, Sie machen ja nur Ihre Arbeit. Mir bleibt wohl nichts anderes übrig, damit Sie Ihren Verdacht gegen mich fallen lassen."

Erst als Faber sich in seine Wohnung zurückgezogen hatte und sie unter sich waren, rückte Jochen damit heraus, dass er glaubte, den Arzt schon in der Pathologie gesehen hatte.

"Das würde ja gut zusammen passen. Er wollte in der Pathologie sicher erfahren, ob er mit seinem Schwindel durchkommt. Aber bewiesen ist damit noch nichts", meinte Rückert nachdenklich. "Wenn er wirklich der Täter war, hat er sich erstaunlich gut im Griff. Das wird noch eine harte Nuss."

Berner telefonierte mit der Spurensicherung, die sich den Wagen vornehmen sollte, und blieb bei Fabel, auch für den Fall, dass dieser sich vielleicht aus dem Staub machen wollte.

Rückert und Jochen fuhren nach Weidenhausen zur Tanzbar, die Fabel genannt hatte. Der Barkeeper war in den Mittagsstunden schon bei den Vorbereitungen für den Abend. Mit seiner Hilfe konnten sie Ina, die Freundin der Toten, schnell ausfindig machen. Er hatte das Taxi für sie gerufen. Etwas mühseliger war es, den Taxifahrer zu ermitteln. Zum Glück erinnerte er sich sofort an die hübsche junge Frau, die er am Freitagabend in die Ockershäuser Allee zur Wohnung ihrer Patentante gefahren hatte. Ganz unbekümmert hatte sie ihm von einer alten Schulfreundin erzählt, die sie unverhofft wiedergesehen hatte.

Ina, die für ein paar Tage in Marburg geblieben war, um alte Bekannte zu besuchen, bestätigte Fabels Angaben im Wesentlichen. Aber es gab doch eine gravierende Abweichung. "Der war ganz schön stinkig, als er abgerauscht ist", meinte sie. "Kann man ja auch verstehen, bei der Pleite. Er hatte Judith schon fast rumgekriegt, und dann habe ich ihm die Nacht versaut."

Das war ein Verdachtmoment mehr, aber noch nicht der Durchbruch.

"Wir haben den Roller, den wir aus der Lahn geholt haben, den Verdacht des Pathologen auf Genickbruch und einen Anfangsverdacht gegen Dr. Fabel", fasste Rückert zusammen. "Wir brauchen unbedingt die Leiche."

Er wandte sich an Jochen.

"Was würdest du denn machen, wenn du eine Leiche im Klinikum entsorgen müsstest?"

"Lass mich überlegen." Jochen legte die Stirn in Falten und ging die verschiedenen Möglichkeiten durch: "Im Grunde hat jede größere Klinik einen kühlen Raum, in dem Leichen vorübergehend aufgebahrt werden, damit die Angehörigen in angemessener Form von ihnen Abschied nehmen können. Aber da ist das Risiko der Entdeckung sehr groß. Wenn man eine echte Lösung des Problems plant, gibt es eigentlich nur die Pathologie, und da ist sie nicht mehr."

Plötzlich fiel ihm noch etwas ein: "Halt, die Anatomie, die Leichen für den Präparierkurs konserviert, wäre noch eine super Alternative."

"Also, auf in die Anatomie", Rückert drückte aufs Tempo.

Sie machten einen kleinen Umweg und nahmen Berner mit, der inzwischen die Spurensicherung instruiert hatte. Die Anatomie war immer noch in der Robert-Koch-Straße untergebracht, während die meisten anderen Institute, die mit Medizin zu tun hatten, inzwischen in die Lahnberge umgesiedelt waren. Jochen empfand so etwas wie Wehmut, als sie an seiner ehemaligen Wirkungsstätte angekommen waren. Hier hatte er schließlich zum ersten Mal das Gefühl gehabt, dass das Medizinstudium das Richtige für ihn sein könnte.

Das Faktotum der Anatomie, Harald Decher, ein lebhaftes hageres Männchen undefinierbaren Alters, unterstützte sie gleich eifrig bei der Suche, als er hörte, worum es ging. Zumal er sich freute, als er in Jochen den früheren Hiwi erkannte.

"Ich hoffe, wir finden nichts. Eine Leiche, die hier ordnungswidrig abgelegt ist, macht riesigen Ärger. Ich habe das schon einmal mitgemacht", rückte er gleich mit einer seiner Lieblingsstories heraus: "Ein Medizinstudent hatte aus Eifersucht seine Freundin erschlagen und in den Semesterferien im Formalinbad untergebracht. Das war ein Wirbel, bis die Sache geklärt war. Zum Glück hat er das dilettantisch angefangen. Wenn er sich die richtigen Papiere beschafft hätte, hätte niemand etwas gemerkt."

Decher und Jochen, die sich auskannten, gingen voran, die beiden Kommissare folgten mit einigem Abstand, in ihrem Eifer etwas gebremst von einem unangenehmen Geruch.

Ihre Schritte stockten vollends, als Decher die Eingangstür zum Präparierraum öffnete und eine kräftige Geruchswolke von Formalin, mit dem die Leichen konserviert wurden, in ihre Nasen drang. Das war doch etwas anderes als die Obduktionen, die sie aus der Gerichtsmedizin kannten.

Bei der Kontrolle der Leichen, die schon etwas von den Bemühungen der Studis in diesem Semester mitgenommen aussahen, waren sie vor allem damit beschäftigt, ihre Nasen zuzuhalten und mit ihrem Brechreiz zu kämpfen. Der noch intensivere Gestank in den Kellerräumen, wo die 'Neuzugänge' in Formalinlösung eingelagert wurden, gab ihnen den Rest. Mit den Worten "Das macht Ihr schon …" zogen sie sich in die Eingangshalle zurück, wo sie es gerade noch aushalten konnten.

Selbst Jochen musste schlucken, als Decher mit der Taschenlampe nach unten in die graubraune Lösung leuchtete, um zu schauen, ob eine der Leichen, die in ihrem letzten Bad schwammen, ungebetenen Besuch erhalten hatte. Das war schon ein gespenstischer Anblick!

"Nichts zu finden", zog Decher knapp Bilanz, als sie wieder zu den Kripobeamten stießen.

"Schade. Es wäre so schön einfach gewesen", bedauerte Rückert. Eilig trat er nach draußen, erleichtert, dass sie den Besuch in der Anatomie hinter sich gebracht hatten und sog die frische Luft genießerisch ein. Die ersten Regentropfen, die aus tief hängenden dunklen Wolken auf seine nur noch notdürftig bedeckte Kopfhaut platschten, schienen ihn heute überhaupt nicht zu stören, obwohl er am Kopf normalerweise gegen Feuchtigkeit und Kälte sehr empfindlich war. Die saubere Regenluft brachte seiner strapazierten Nase rasch die ersehnte Linderung, so dass er auch wieder klar denken konnte.

Kapitel 6

"Hilft nix, dann müssen wir uns Fabel noch einmal vornehmen, obwohl ich gern noch etwas mehr in den Händen gehabt hätte. Olli, hör doch mal nach, ob die Spusi in Fabels Geländewagen schon etwas gefunden hat, was uns weiterhilft. – Oder noch besser: Fahr hin und bring Fabel gleich ins Polizeipräsidium. Du kannst den Dienstwagen nehmen. Wir fahren mit Jochens Limousine." Er schaute Jochen fragend an, der nickte zustimmend. Als Rückert einstieg, war er ganz überrascht über den bequemen Beifahrersitz, der ihm trotz seiner Länge großzügig Bein- und Kopffreiheit gewährte.

Auf dem Weg zum Polizeipräsidium, kurz vor dem Rudolphsplatz, kam Rückert auf die Idee, das verpasste Mittagessen nachzuholen.

"Ich habe einen Mordshunger. In unserer Kantine gibt's jetzt nur noch Getränke und Kuchen. Lass uns doch kurz hinauf zur Brasserie fahren. Die haben durchgehend warmes Essen. Ich lade dich ein."

Auch Jochen knurrte der Magen schon längere Zeit. Aber er hatte sich keine Blöße geben wollen.

"Und was ist mit Olli? Sollen wir ihm was mitbringen?"

"Höchstens einen Salat. Der muss abnehmen. Er hat Ostern aufgehört zu rauchen und seitdem über zehn Kilo zugenommen."

Als der Smart an der Alten Uni vorbei die Reitgasse hinaufholperte, verzog Rückert, der mit dem Rücken Probleme hatte, das Gesicht. Aber er erkannte auch den Vorteil des Winzlings, als sie ihn in einer ungenutzten Ecke gegenüber der Universitätsbuchhandlung Elwert abstellten, obwohl kein Parkplatz frei war. "Das ist schon toll", lobte er, "aber für ältere Männer wie mich ist das nichts. Man spürt ja jeden Pflasterstein einzeln."

"Du hast ja keine Probleme, einen Parkplatz zu finden. Du kannst mit dem Dienstwagen überall parken, und das Benzin bezahlt der Steuerzahler", grinste Jochen ihn an.

In der Brasserie entschied sich Rückert für einen Salat und Leberkäse mit Bratkartoffeln, und Jochen schloss sich ihm an. Nach dieser herzhaften Mahlzeit und einem Espresso fühlten sie sich für die kommenden Anforderungen gewappnet.

*

Fabel wollte gerade seine Wohnung verlassen. Er erstarrte, als er Berner in die Arme lief, der wie ein Klotz vor ihm stand. Der Arzt, mit leichtem Fahrradhelm, Kapuzenjacke über dem schwarzrotgelben Trikot und Radlerhosen zünftig gekleidet, hatte sein Rennrad unter dem rechten Arm und einen Rucksack unternehmungslustig über der linken Schulter.

"Wo wollen Sie denn hin?" fuhr Berner ihn mit grimmiger Miene an. "Sie sollten doch in der Wohnung bleiben, bis die Spurensicherung abgeschlossen ist."

"Ich wollte mich nur ein bisschen austoben. Die Leute von der Spurensicherung wissen Bescheid", entschuldigte er sich, aber Berner sah ihm das schlechte Gewissen an.

"Wir haben noch ein paar Fragen. Ich muss Sie bitten, mich aufs Polizeipräsidium zu begleiten. Am besten ziehen Sie sich etwas anderes an."

Berner traf mit Fabel vor Rückert und Jochen im Kommissariat ein und brachte ihn schon in den Vernehmungsraum, wo ihm ein Polizeibeamter Gesellschaft leistete.

Er kaute gerade an einem Baguette, das mit reichlich Schinken und gekochtem Ei belegt war, als Rückert und Jochen im Polizeipräsidium eintrudelten. Als sie den Salat aus der Brasserie vor ihm abstellten, schaute er sie empört an. "Was soll das Grünzeug. Ich bin doch kein Kaninchen. Davon kann doch ein erwachsener Mensch nicht leben", sagte er beleidigt.

"Ich dachte, du wolltest abnehmen", hielt Rückert dagegen. "Du weißt ja, du musst dringend runter von deinem Gewicht. Sonst verkürzt sich deine Lebenserwartung drastisch. Und ich brauch' dich noch."

"Du redest schon wie meine Frau", schimpfte Berner scherzhaft. Dann beeilte er sich, seine Neuigkeiten los zu werden.

"Übrigens wollte Fabel gerade eine Spritztour mit seinem Rennrad machen, als ich bei seiner Wohnung ankam", erzählte er. "Türmen konnte er zwar nicht damit. Das wäre aussichtslos gewesen. Aber er irgend etwas führte er im Schilde."

Auch Rückert und Jochen konnten sich keinen Reim darauf machen.

Kapitel 7

Den Anfang der Befragung überließ Rückert seinem Kollegen.

"Olli, bring ihn einfach erst einmal zum Erzählen. Am besten spielst du den Sanftmütigen und stellst mich als den Bösen dar." Er schaute Jochen an. "Und dir beschaffen wir jetzt erst einmal einen offiziellen Status als Praktikant bei der Kripo." Zehn Minuten später war alles erledigt, einschließlich Jochens Unterschrift unter ein Merkblatt über seine Schweigepflicht. Dann nahmen sie im Vorraum vor dem Einwegspiegel Platz, wo sie zuschauen und zuhören konnten, ohne selbst gesehen oder gehört zu werden.

Berner setzte sich dem Arzt gegenüber an den Tisch.

"Was wollen Sie eigentlich noch von mir. Wir haben doch schon über alles gesprochen." Fabel konnte seinen Ärger nur mühsam unterdrücken.

"Wir möchten Sie um Verständnis bitten. Es gibt da ein paar Unstimmigkeiten", antwortete Berner, die Geduld in Person.

"Was denn für Unstimmigkeiten?"

Berner tat so, als sei ihm das Ganze auch lästig.

"Von mir aus hätten Sie schon längst gehen können", mimte er den Verständnisvollen, "aber mein Chef möchte noch ein paar Einzelheiten im Zusammenhang mit Frau Dornbusch geklärt haben, die Sie in der Tanzbar kennen gelernt haben. Dann können Sie wieder nach Hause. – Uns würde besonders interessieren, ob Sie Frau Dornbusch und Ihren Bekanntenkreis nicht schon vor dem Freitagabend kennen gelernt haben. Sie war ja ebenfalls im Klinikum beschäftigt."

"Nicht dass ich wüsste. Kann schon sein, dass wir uns mal über den Weg gelaufen sind. Aber ich kann mich nicht daran erinnern, wo das gewesen sein könnte. Was hat das mit Freitagabend zu tun?" reagierte Fabel unwirsch.

"Vielleicht hat sie ja später noch einen alten Bekannten getroffen", flüchtete sich Berner in eine vage Spekulation. Weiter ging er nicht darauf ein. Er hoffte, dass das nächste Ablenkungsmanöver besser gelingen würde: "Apropos: Warum haben Sie eigentlich Medizin studiert? Bei Ihren zahlreichen Hobbys ist so ein aufreibender Beruf doch nur hinderlich."

Natürlich war es auch Fabel klar, dass er abgelenkt werden sollte. Aber so lange das nichts mit Judith Dornbusch zu tun hatte, war ihm das egal. Er stand gern im Mittelpunkt des Interesses.

"Ich komme aus einer alt eingesessenen Metzger-Familie. Vielleicht kennen Sie die Metzgerei Fabel in Marbach aus der Kinowerbung: "Wurst von Fabel – fabelhaft". Mein Vater wollte eigentlich, dass ich die Metzgerei einmal übernehme, meine Mutter hatte aber andere Pläne. Ich sollte unbedingt etwas Besseres werden, Arzt oder Pfarrer oder so. – Mit der Religion hatte ich aber nichts am Hut", erzählte Fabel. "Blieb also die Medizin."

Auf Drängen seines Vaters hatte er den Wehrdienst über sich ergehen lassen. Mit diesem Bonus und einer erfolgreichen "Gesinnungsprüfung", auf die er sich – gedrängt von seiner Mutter – durch einen teuren Lehrgang vorbereitete, ergatterte er sich trotz mäßiger Schulnoten einen Studienplatz.

"Wer weiß, vielleicht hat mein Vater auch mit einem schönen Schinken nachgeholfen", lächelte er und wirkte für einen Moment richtig sympathisch.

Insgeheim hatte er darauf gehofft, abgelehnt zu werden. Er hätte sich auch so ein schönes Leben vorstellen können, Hauptberuf 'Sohn reicher Eltern'.

Aber da es nun das Schicksal so wollte, würde er ein paar Jährchen Arbeit investieren. Das Renommee als Arzt schadete auch nichts. Viele Frauen standen auf Mediziner.

"Und wie ging es dann weiter?" ließ Berner nicht locker, obwohl er mit dem Erreichten schon ganz zufrieden war. Er wollte möglichst noch ein paar Hintergrundinformationen aus ihm herausholen.

"Die Doktorarbeit habe ich in Erlangen über ein neues Kontrastmittel bei der Angiografie geschrieben, das mein Doktorvater im Auftrag einer Pharma-Firma prüfen sollte. Auf diese Weise bin ich in der Radiologie gelandet."

Auch Jochen, der aufmerksam zuhörte, hatte schon davon gehört, das man in Erlangen besonders leicht zu einem Doktortitel kam. In Kreisen der Mediziner hieß es, man dürfe die Fensterscheiben nicht herunterlassen, wenn man an Erlangen vorbeifuhr, damit einem der Titel nicht nachgeworfen wurde. Also war Fabel ein paar Semester nach Erlangen gegangen. Das passte zu ihm: Immer den Weg des geringsten Widerstandes wählen.

Aber was jetzt viel interessanter war: Sie hatten durch Fabels Plauderei einen wichtigen Hinweis erhalten. Jede Metzgerei verfügte über einen großen Kühlraum!

Rückert schien auf die gleiche Idee gekommen zu sein. Er hatte bis dahin Fabels Ausführungen über sich und seine Familie mit mäßigem Interesse verfolgt. Jetzt sprang er wie elektrisiert auf.

"Das ist es", stieß er hervor, sprang auf und riss die Tür zum Vernehmungsraum auf, besann sich dann aber und blieb zunächst an die Tür gelehnt stehen. Er wollte den besten Augenblick abpassen. Fabel war gerade dabei zu schildern, wie er als Kind von seinen Eltern verwöhnt worden war. Auch sein Patenonkel und seine Frau, die in Marbach, einem Ortsteil im Westen Marburgs, einen großen Bauernhof hatten, hatten ihm jeden Wunsch erfüllt. Sie hatten keine Kinder und hofften, dass er später vielleicht einmal den Hof weiterführen würde. Sie wollten ihn nach dem Abitur auch gleich mit der passenden Frau verkuppeln. Aber an einer festen Bindung zu einer Frau war er nicht wirklich interessiert. Er liebte seine Unabhängigkeit. Seiner Meinung nach bekam er auch so alles, was er brauchte.

"Deshalb gehe ich so gern in die Tanzbar nach Weidenhausen. Das ist praktisch ums Eck bei mir, und jeder weiß, was er vom anderen erwartet. Die meisten, die da hingehen, sind Singles."

Fabel machte einen selbstsicheren Eindruck. Solange die Leiche nicht gefunden wurde, konnte ihm seiner Ansicht nach nichts passieren. Er blieb dabei: Er wusste nicht, was mit der Krankenschwester passiert war, nachdem er sich von ihr am Tresen der Tanzbar verabschiedet hatte.

"Ich glaube, wir sollten uns mal den Kühlraum der Metzgerei in Marbach vornehmen", schaltete sich Rückert jetzt unvermittelt ein und ließ sich erwartungsvoll neben seinen Kollegen nieder, Fabel scharf fixierend.

"Ja, machen Sie das." Fabel blieb gelassen. Eine Spur Triumph schimmerte aus seinen Augen.

Bluffte er, oder wollte er nur Zeit gewinnen? Aber wozu? Wahrscheinlich lagen sie mit ihrer Vermutung daneben. Rückert war enttäuscht, versuchte aber, es sich nicht anmerken zu lassen

Auch Jochen fühlte Resignation in sich aufsteigen. Der Vorstoß von Rückert hatte nicht den erhofften Durchbruch gebracht. Nahm das denn gar kein Ende? Er war sich sicher: Das war der Täter. Aber sie bekamen ihn nicht zu fassen. Er hatte sich das Verhör einfacher vorgestellt und bewunderte die

Hartnäckigkeit der Kommissare, die keineswegs einen entmutigten Eindruck machten.

"Also noch einmal zum entscheidenden Abend", nahm Rückert einen erneuten Anlauf, um Fabel mürbe zu machen.

Aber Fabel war Nachtdienste und langwierige Diskussionen gewohnt. Da musste man andere Geschütze auffahren, um ihn weich zu kriegen. Er war nicht von seiner Darstellung des Abends abzubringen.

"Fragt doch ihre Freundin, die hat sie als Letzte gesehen", sagte er herausfordernd.

"Das haben wir schon getan. Aus ihrer Sicht sah es etwas anders aus, als Sie uns glauben machen wollen. Sie müssen ziemlich erbost gewesen sein, dass Sie nicht zum Zuge kamen. Sind Sie sicher, dass Sie Frau Dornbusch nicht später noch einmal gesehen haben?" versuchte Rückert einen Schuss ins Blaue.

Fabel schien kurz zu zögern. "Wie kommen Sie denn darauf?" In seinem Kopf jagten sich jetzt die Überlegungen. Konnte ihn jemand beobachtet haben? Vielleicht jemand, der spät abends seinen Hund Gassi geführt hatte. Gesehen hatte er jedenfalls niemand. Oder klopfte der Kommissar nur auf den Busch? Ja, so musste es sein. Wenn der etwas Handfestes aufzuweisen hätte, würde er anders mit ihm umspringen.

Rückert stutzte. Hatte er Fabel tatsächlich an einer schwachen Stelle erwischt? Dann würde er jetzt unter Strom stehen und besonders gut aufpassen. Es war Zeit für eine Unterbrechung.

"Denken Sie noch einmal darüber nach. Machen wir erst mal eine kleine Pause." Es war wichtig, Fabel jetzt im Unsicheren zu lassen.

"Soll ich Ihnen einen Kaffee mitbringen?" gab sich Berner freundlich.

Fabel nickte "Ja, gern." Er lehnte sich zurück und schien sich wieder zu entspannen.

Die Kantine war zwar sehr nüchtern eingerichtet, aber der Kaffee war gut. "Der Kaffee ist das Beste hier, sie machen noch richtigen Filterkaffee", lobte Berner, der sich anstelle einer Zigarette noch ein Stück Käsesahnetorte gönnte.

Für eine Weile schwiegen alle drei und hingen ihren Gedanken nach. Die Lösung schien greifbar nahe zu sein. Es musste doch einen Weg geben, Fabel beizukommen!

Schließlich ergriff Rückert wieder das Wort.

"Gehen wir mal davon aus, dass die Leiche tatsächlich nicht in der Metzgerei versteckt ist. Wo könnte er sie dann hingeschafft haben?"

"Außerhalb des Uniklinikums gibt es natürlich noch jede Menge Kliniken", meinte Jochen.

"Und jedes größere Einkaufzentrum hat einen Kühlraum", setzte Berner noch einen drauf.

"Das wäre wie die Suche nach der Nadel im berühmten Heuhaufen. Wir müssen schauen, ob wir ihn anders kriegen. Vielleicht packt er ja aus, wenn wir tatsächlich einen Zeugen in der Nähe der Tanzbar auftreiben, der ihn später noch gesehen hat." Rückert stöhnte. Das bedeutete viel Kleinarbeit, und – sie mussten Fabel erst einmal laufen lassen.

Aber dann überschlugen sich die Ereignisse.

Als sie ins Kommissariat zurückkehrten, stürzte Rückerts Sekretärin aufgeregt auf sie zu. "Da muss etwas passiert sein. Der Staatsanwalt Burger hat eben nach Ihnen gefragt. Sie sollen sich umgehend bei ihm melden. Und dann haben die

Kollegen der Kriminaltechnik etwas gefunden, soll ich Ihnen ausrichten."

"Verbinden Sie mich erst mit der Spusi", entschied Rückert.

Während er telefonierte, warteten die anderen ungeduldig. Sie sahen schon an seinem breiten Grinsen, dass etwas Entscheidendes passiert war.

"Ihr habt was gut bei mir", beendete Rückert das Gespräch.

"Halleluja! Wir haben ihn", verkündete er triumphierend seinen beiden Mitstreitern. "Die Spusi hat in einer Seitenritze links neben dem umgeklappten Rücksitz von Fabels Wagen ein kleines Stückchen blauen Fingernagel gefunden. Jede Wette, dass das zur Toten gehört. Das ist ihm wohl beim Saubermachen entgangen." Und zu Jochen gewandt "Super, dass du so gut aufgepasst hast. – Jetzt bin ich gespannt, was der Staatsanwalt von uns will."

Zu Burger war es nur ein Katzensprung. Er hatte sein Zimmer gleich im benachbarten Flur, der sich rechtwinklig an die Zimmer des Kommissariats anschloss.

"Ja, bitte", erklang die kräftige Stimme des Staatsanwaltes, als Rückert an seine Türe klopfte.

Diesmal musste Jochen trotz seines neuen Praktikantenstatus draußen bleiben.

"Gut, dass Sie so schnell kommen konnten", begrüßte Burger die beiden Kommissare. "Haben Sie schon eine Spur von der verschwundenen Krankenschwester? – Wir haben nämlich einen neuen Fall. Wollen Sie den übernehmen, oder soll ich lieber ein anderes Team damit beauftragen?"

"Worum geht's denn?" fragte Rückert vorsichtig. Er hätte gern erst die laufenden Ermittlungen abgeschlossen, aber gleichzeitig war er immer hinter interessanten Fällen her und trat sie nur ungern an andere Kollegen ab. Er war Jäger aus Leidenschaft.

"Professor Melzing, der Chef des Pathologischen Instituts, ist erschlagen aufgefunden worden."

"Was? Der Professor ist tot?", Rückert ließ vor Überraschung den Mund offen.

"Sie kennen ihn?" Jetzt war der Staatsanwalt erstaunt.

"Na sicher, der spielt eine wichtige Rolle in unserem laufenden Fall!" klärte Rückert ihn auf.

"Das passt ja prima, dann bleibt natürlich alles in Ihrer Hand."

Damit waren die beiden Kommissare entlassen.

"Gottvater tot? Das kann ich gar nicht glauben." Jochen war wie vor den Kopf geschlagen, als er die Neuigkeit hörte. Es war ein merkwürdiges Gefühl, dass jemand, mit dem er so viel zu tun gehabt hatte, jetzt plötzlich tot war. Seine Trauer hielt sich aber in Grenzen. Melzing war eher gefürchtet als beliebt gewesen.

"Weiß man schon, wer es war?"

"Das sieht ja fast so aus, als habe sich Fabel noch schnell eines wichtigen Zeugens entledigt, bevor wir ihn erwischt haben", antwortete Berner.

"Das denke ich nicht. Fabel profitiert nicht viel davon", meinte dagegen sein Chef. "Aber auf jeden Fall werden wir ihn damit konfrontieren. Vorher müssen wir natürlich noch die Details in Erfahrung bringen. Olli, fahr doch gleich mal mit der Spusi in die Pathologie. Wir müssen unbedingt wissen, ob das Zeitfenster von Fabel dafür gereicht hätte. Ich mach derweil mit dem Verhör weiter."

"Okay, nimmst du den Kaffee für Fabel mit?"

"Klar, unsere Rollenverteilung 'guter Bulle – böser Bulle' ist nicht mehr nötig."

Fabel starrte begehrlich auf den Becher Kaffee, den der Kommissar vor ihm abstellte, und achtete zuerst gar nicht auf das Plastiktütchen, das Rückert daneben gelegt hatte. "Was halten Sie davon? Das hat man in Ihrem Geländewagen gefunden. Die DNA-Analyse ist schon im Gange."

Fabel erbleichte, als er das Stück Fingernagel darin erkannte.

Rückert setzte sofort nach: "Und Professor Melzing haben Sie sicherheitshalber auch gleich umgebracht."

"Davon weiß ich nichts. Damit habe ich nichts zu tun", erwiderte Fabel, der völlig niedergeschlagen war. Er sprach so leise, dass es kaum zu hören war, aber es klang überzeugender, als wenn er es heraus geschrien hätte, "und mit Judith, das war ein Unfall. Das müssen Sie mir glauben."

Ohne weitere Aufforderung schilderte er, wie Judith Dornbusch ihn am Freitagabend nach allen Regeln der Kunst angemacht hatte und Bereitschaft signalisiert hatte, mit ihm zu kommen.

"Dann schneite ihre Freundin Ina herein, und sie ließ mich einfach stehen. Das ist mir noch nie passiert", empörte er sich. Mit Wut im Bauch holte er seinen Wagen und hielt in Sichtweite vom Eingang der Tanzbar. Die Warterei trug nicht gerade dazu bei, ihn zu besänftigen. Erst nach gut zwei Stunden kamen die beiden Frauen heraus und verabschiedeten sich voneinander. Die Freundin kletterte in ein Nachttaxi, das sie bestellt hatte, und Judith stieg auf ihren Motorroller, den sie gegenüber der Tanzbar abgestellt hatte. Sie brauste davon, ehe er sie zur Rede stellen konnte.

Sein Ärger steigerte sich. Er war müde und wollte nicht noch lange hinter ihr herfahren. Aber in den engen Gassen von Weidenhausen hatte er Mühe, ihr mit seinem großen Wagen zu folgen. Auf der Weidenhäuser Brücke holte er sie fast ein. Dann verschafften ihr die Kurven an der alten Uni einen Vorsprung, der sich noch vergrößerte, als er durch die rote Ampel am Cineplex-Kino aufgehalten wurde, während sie gerade noch bei Gelb durch geflitzt war. Erst als sie an der Elisabethkirche vorbei waren und klar war, dass Judith die Richtung nach Wehrda einschlug, konnte er seine überlegene Motorstärke ausspielen und sie einholen. Er gab ihr mehrmals Zeichen anzuhalten, aber sie beachtete ihn gar nicht und fuhr einfach weiter. Da brannten ihm die Sicherungen durch. Ohne groß zu überlegen, rempelte er sie von der Seite an, um ihr einen Denkzettel zu verpassen. Der Motorroller verkantete unglücklich am Bordstein und Judith stürzte, während der Roller sich mehrmals seitlich überschlug und dann Richtung Lahn die Böschung hinunter verschwand. Fabel hielt an, um sich daran zu weiden, wie sich Judith schimpfend aufrappeln würde. Als sie sich aber nach einer Weile immer noch nicht regte, meldete sich sein schlechtes Gewissen. Seine Wut war verraucht.

Er setzte den Wagen zurück und erkannte sofort: Hier kam jede Hilfe zu spät. Der Kopf hing seitlich verdreht in einem unnatürlichen Winkel links über der Schulter. Offenbar war Judith beim Sturz rücklings gegen einen Laternenpfahl geprallt und hatte sich das Genick gebrochen. Blut war nirgends zu sehen.

Was sollte er tun? Sollte er einen Rettungswagen holen? Der würde auf jeden Fall die Polizei einschalten. Er hatte Alkohol getrunken. Mit Sicherheit war er dann seinen Führerschein los. Und sein Ruf war ramponiert. Sogar seine Zulassung als Arzt war in Gefahr. Nein, es musste eine andere Lösung geben.

Einfach abhauen war wahrscheinlich das Beste. Aber konnte er die Leiche einfach so liegen lassen? Dann war man ihm möglicherweise schnell auf der Spur. Schließlich war er in der Tanzbar mit ihr gesehen worden.

Plötzlich schoss ihm eine wahnwitzige Idee durch den Kopf: Er würde die Tote einfach in die Klinik mitnehmen und, sozusagen auf natürlichem Weg, über die Pathologie entsorgen. Die Chancen, dass der Genickbruch übersehen würde, waren bei dem Betrieb nach Pfingsten nicht schlecht. Er musste es nur irgendwie deichseln, die Leiche der Kardiologie unterzuschieben und eine natürliche Todesursache plausibel zu machen.

Das Wichtigste war, dass er den Hals in eine normale Stellung brachte, bevor die Totenstarre eintrat. Dafür blieben ihm maximal zwei Stunden. Von Samstag auf Sonntag hatte er Nachtdienst, da konnte er alles regeln. Bis dahin musste er die Leiche gut konservieren, am besten kühl lagern, fragte sich nur wo.

Auf jeden Fall erst einmal schnell weg mit der Leiche von der Straße.

Er vergrößerte den Kofferraum durch Umklappen der Rücksitze. Dann zog er puderfreie Latexhandschuhe aus seiner Arzttasche. Er nahm das Klapprad, das er immer dabei hatte, aus der Plastikplane und brachte es vorn vor dem Beifahrersitz unter. Die Plane breitete er in ganzer Breite aus und wickelte die Tote wie in einen Teppich ein. Ihre Knie musste er anbeugen, damit sie in den Gepäckraum passte. Anschließend drehte er und fuhr nach Marbach, wo er die Tote bis Dienstbeginn zwischenlagern wollte.

"Und wo haben Sie die Leiche versteckt?" fragte Rückert neugierig. Auch Jochen wartete gespannt auf die Erklärung.

"Ich dachte erst an den Kühlraum der Metzgerei. Aber das wäre zu nahe liegend gewesen. Sie sind ja auch gleich auf diese Idee gekommen, wie ich gemerkt habe. Bei dem enormen Fleischumsatz vor dem langen Wochenende wäre das auch zu riskant gewesen. Zum Glück fiel mir das alte Gemeinde-Kühlhaus des Dorfes ein, das jetzt kaum noch genutzt wird. Mein Patenonkel hatte vor vielen Jahren ein paar Truhen gemietet, die er jetzt nicht mehr braucht, weil er im Keller eigene Kühltruhen für seine Hausschlachtungen aufgestellt hat. Das ist natürlich viel bequemer. Ich wusste von früher, dass die Schlüssel für das Kühlhaus im Kellerflur des Wohnhauses hängen, der vom Hof aus leicht zu erreichen ist. Er ist auch nachts nie abgeschlossen. Niemand hat mich beobachtet, als ich mir die Schlüssel ausgeliehen habe.

Am Samstagabend vor Dienstantritt habe ich die Leiche wieder mit dem Geländewagen abgeholt. Niemand hat etwas bemerkt.

Die Unterbringung der Toten im Aufbahrungsraum der Inneren Medizin war auch kein Problem. Wenn das Abendessen angeliefert worden ist, ist am späten Samstagnachmittag im Andienungshof nicht mehr viel los.

Für die Besorgung der Papiere aus dem Stationszimmer brauchte ich nur den abendlichen Schichtwechsel der Schwestern abzuwarten. Die verschwinden dann im Gemeinschaftsraum, um ungestört zu sein. Das dauerte mindestens eine Stunde, am Wochenende meist sogar noch länger. Mein Bereitschaftsdienst begann erst um 20 Uhr, Zeit genug, den Totenschein und die anderen Papiere auszufüllen, die für den Transport benötigt werden.

Alles schien nach Plan zu laufen. Es war ein Riesenpech, dass in der Pathologie der Chef selbst die Leichenschau übernahm und nicht der oft etwas zerstreute Oberarzt. Aber für alle Fälle hatte ich Plan B bereit. In der Frühstückspause habe ich die Leiche abgeholt, ohne dass jemand etwas gemerkt hat. Mein Geländewagen sieht ja auch fast wie ein Leichenwagen aus. Ich habe dann einfach die Leiche zurück in das Kühlhaus nach Marbach gebracht."

"Und wie wollten Sie dann die Tote verschwinden lassen?" fragte Rückert.

"Ach, da wäre mir schon etwas eingefallen. Die Leiche brauchte ja nur zerlegt zu werden", erwiderte der Arzt. "Die Schweine meines Onkels fressen so gut wie alles", erwiderte Fabel, ohne mit der Wimper zu zucken. "Ich war ja schon so gut wie unterwegs, aber Ihr Kollege hat mich leider aufgehalten. Sonst wäre alles schon erledigt. Aber jetzt brauche ich mir wohl keine Gedanken mehr zu machen."

"Ganz recht", sagte Rückert. Er war angewidert, von der Skrupellosigkeit des Arztes. Vielleicht konnte er ihn doch etwas aus der Ruhe bringen. "Alles Weitere übernimmt jetzt erst einmal die Rechtsmedizin. Kann gut sein, dass die noch etwas mehr herauskriegen. Mir können Sie viel erzählen." Aber Fabel ließ sich nicht erschüttern "Mehr als einen Unfall mit Todesfolge können die mir nicht anhängen. Dafür wird schon mein Anwalt sorgen."

Jochen, der gespannt zugehört hatte, war fassungslos: Keine Spur von Mitgefühl oder Reue. Es konnte doch unmöglich sein, dass Fabel durch seinen Beruf so gefühllos geworden war. Wahrscheinlich lag es daran, dass er völlig verzogen war und so etwas wie Verantwortungsgefühl nicht kannte.

"Und wie war das nun mit dem Professor? Wann haben Sie den umgebracht?" nahm der Kommissar einen neuen Anlauf.

Fabel hob abwehrend beide Hände: "Damit habe ich wirklich nichts zu tun. Ich hatte ja gerade die Leiche nach Marbach zurücktransportiert, als Sie schon auf der Matte standen."

"Das werden wir noch genau überprüfen. Auf jeden Fall bleiben Sie erst einmal hier. Abführen!" Rückert nickte dem wartenden Polizisten zu.

"Das ist der Traum aller Ermittler, in einem Tag einen Fall abschließen! Das haben wir dir zu verdanken", sagte er zu Jochen, der sich über die Anerkennung freute.

"Und was hältst du von der Sache mit Melzing?" fragte Jochen neugierig.

"Ich glaube nicht, dass das Fabel war. Er hatte genug mit sich selbst zu tun. Aber sicher ausschließen kann ich es nicht. Der gibt immer nur das zu, was wir beweisen können. Wir bleiben dran. – Übrigens: Wie wär's am Sonntagmorgen mit einem Brunch im Café Vetter? Dann können wir dir erzählen, wie weit wir sind. Muss natürlich unter uns bleiben."

"Gern, ich bin dabei." Jochen verabschiedete sich, etwas enttäuscht, dass er so kurz und schmerzlos abserviert wurde.

Aber was hatte er erwartet. Einmal musste das Abenteuer zu Ende gehen. Schließlich ging das Semester weiter. Siedend heiß fiel ihm ein, dass am nächsten Tag auch wieder Rudertraining war. Da konnte er sich auf etwas gefasst machen, wie er seinen Trainer kannte. – Er war wieder in seiner eigenen Welt angekommen.

Auf der Fahrt zum Duisberghaus gingen ihm die Ereignisse des Tages noch einmal durch den Kopf. Die Ermittlungsarbeit mit den Kommissaren war Spannung pur gewesen, und das Resultat konnte sich sehen lassen. Aber noch wichtiger waren die Impulse, die er für seine Zukunft bekommen hatte. Eine Spezialisierung auf die Pathologie wäre vielleicht gar nicht so schlecht. – Ja, er konnte sich gut vorstellen, eines Tages selbst 'letzte Instanz' zu sein.

Das musste gefeiert werden.

Sein Floh kämpfte sich hinter dem Schlossbus, mit dem letzten Schwung Touristen voll beladen, den steilen Lutherweg hinauf. Oben am Schloss hatte der Besucherstrom schon deutlich nachgelassen, so dass Jochen gleich gegenüber dem Wohnheim eine Lücke für den Smart fand. Er konnte direkt in die Küche des dritten Stockwerks sehen, wo er sein Zimmer hatte. Seine Flurnachbarn sammelten sich gerade zum Abendessen.

Charly, der Stabhochspringer, stand am Fenster und sah ihn aussteigen.

"Tempo, Tempo!" rief er ihm zu.

"Bin gleich da." Jochen freute sich auf den vertrauten Kreis, der ihn gleich empfangen würde. Irgendeiner hatte immer etwas Interessantes oder Lustiges auf Lager. Immer zwei Stufen auf einmal nehmend stürmte er die Gartentreppe nach unten und war zwei Minuten später im dritten Stock angelangt. Vergnügtes Stimmengewirr und Gelächter drangen durch die Küchentür. Es verstummte abrupt, als er eintrat. Wahrscheinlich hatten sie über den "Loser" gelästert, ihm vielleicht sogar eine lange Nacht mit einer Frau angedichtet. Jetzt heuchelten sie für einen Moment Betroffenheit.

Aber sein fröhliches Gesicht zeigte ihnen, dass er bester Stimmung war. Sie jubelten, als er verkündete: "Heute Abend gebe ich einen aus."

"Wow! Das nenne ich eines Champions würdig. In der Niederlage Größe zeigen", meinte Dennis aus North-Carolina, der im Rahmen seines Germanistikstudiums zwei Semester in Marburg absolvierte und sehr erfolgreich beim Marburger Football-Team Mercenaries als Gastspieler aktiv war. Er verneigte sich tief mit übertriebener Bewunderung. Die anderen lachten.

"Ach, die Regatta! Das ist doch Schnee von gestern. Nee – es geht um etwas anderes: Ich habe heute einen Mörder zur

Strecke gebracht", sagte Jochen mit leichter Übertreibung, aber er hatte jetzt das Bedürfnis, auf den Putz zu hauen, um den Lästerern das Maul zu stopfen.

Eine Stunde später hockte der harte Kern des dritten Stocks um einen Kasten Bier und hörte Jochen aufmerksam zu.

"Alles hing an der Entdeckung eines kleinen Eckchens blauen Fingernagels, sonst hätte die Überführung dieses Schweins noch ewig gedauert", beendete Jochen stolz die Schilderung seines Abenteuers.

"Blau, blau, blau blüht der Enzian …", intonierte sogleich Charly. Ihm war das alles viel zu ernst gewesen. Seine Stärke war der gemütliche Ausklang.

Als sie die erste Flasche Bier intus hatten, wurde die Stimmung ausgelassen. Es war Zeit, den Scheiße-Song anzustimmen: "Scheiße durch's Gewehr geschossen – gibt die schönsten Sommersprossen", gab Charly das Startsignal.

Die anderen lieferten reihum ihren Beitrag dazu, manchmal fiel einem aus der Runde sogar etwas Neues ein. Der Refrain "Helah, Helah, Heloh" ließ sich wunderbar grölen, selbst wenn man – wie Dennis – nicht alle Verse richtig verstand. Sein Germanistikstudium war für diese Feinheiten der deutschen Sprache keine ausreichende Grundlage. Der laute Gesang erfüllte den kleinen Raum und drang durch die angekippten Küchenfenster nach draußen, so dass das ganze Haus wusste: Es wurde im dritten Stock mal wieder gefeiert. In den unteren Etagen wurde schon geflucht, Ohrstöpsel wurden hervorgekramt. Es war zu befürchten, dass das die ganze Nacht so weiter ging. Der dritte Stock war für seine Feierfreudigkeit und Trinkfestigkeit bekannt. – Aber um elf Uhr war der Kasten Bier geleert, und es kehrte wider Erwarten Ruhe ein.

Kapitel 8

Am nächsten Morgen wachte Jochen um halb sieben gut erholt und energiegeladen auf. Die ersten Sonnenstrahlen lockten ihn zum Joggen an den Dammelsberg, der sich nach Westen an den Schlosspark anschloss. Nur ein paar 'Stöckeschleifer', wie er die Nordic Walker wegen ihrer meist stümperhaften Technik nannte, blockierten immer mal den Weg in ganzer Breite und machten fluchend Platz, wenn er sich mit dem Ruf 'Achtung' meldete.

Die obere Route war zum Glück frei. Der gleichmäßige Laufrhythmus auf der vertrauten Strecke gab ihm ein Gefühl der inneren Ruhe und Zufriedenheit. Er liebte es, den Tag so zu beginnen.

Während des Laufens gingen ihm die Gedanken durch den Kopf, was er an diesem Tag alles erledigen wollte. Als erstes würde er Nägel mit Köpfen machen, den Job als Sitzwache auf der chirurgischen Intensivstation aufgeben und sich um eine Doktorarbeit bemühen. Aber wie konnte er es wagen, Steffi unter die Augen zu treten? Besser er besorgte sich erst ein Thema. Dann hatte er eine gute Entschuldigung.

Als er geduscht hatte und erfrischt in sein Zimmer zurückkehrte, ertönte auf seinem Handy das Signal, das ihm eine SMS ankündigte. Gespannt schaute er auf das Display.

"SOS, wir brauchen dich! Jens."

Jochen jubelte. Also war er doch nicht aufs Abstellgleis geschoben worden. Er rief noch vor dem Frühstück zurück.

"Hier Jochen. Was ist passiert?"

"Du hast ja schon mitbekommen, dass Melzing tot ist. Er ist gestern Mittag erschlagen worden. Wie es aussieht, mit seinem eigenen Golfschläger."

"Wie, wo? Ach richtig, ich habe seine Golftasche gesehen. Gibt's denn einen Golfplatz im Klinikum?"

"Nee, nee, nicht auf einem Golfplatz. In seinen Arbeitsräumen. Er hat da eine Übungsanlage für Golf. Muss ich dir unbedingt zeigen. Die Sekretärin hat Melzing nach der Mittagspause in seinem Arbeitszimmer neben dem Schreibtisch tot aufgefunden. Melzing selbst ist nach Auskunft seiner Sekretärin nie in die Kantine essen gegangen."

Das konnte stimmen. Zumindest hatte Jochen ihn da nie gesehen. Ja, das passte zu 'Gottvater'. Er war sich zu fein, um sich unter's gewöhnliche Volk zu mischen. Jochen war durch seinen Status als Angehöriger des Nachtwachen-Pools befugt, die Kantine zu nutzen. "Und habt ihr schon einen Verdacht, wer es getan haben könnte?"

"Das ist ja das Dilemma. Er hat sich mit einer ganzen Reihe von Leuten angelegt. Es gibt mehrere Ärzte, denen Melzing in letzter Zeit Fehldiagnosen oder Fehler beim Operieren vorgeworfen hat. Die haben alle ein Motiv."

"Und wie kann ich Euch helfen?"

"Wir brauchen dringend jemanden, der sich unauffällig in der Orthopädie umsieht."

"Okay, aber um elf Uhr muss ich in eine Pflichtvorlesung. Worum geht's denn?"

"Es gibt einen Anfangsverdacht gegen einen der Ärzte, einen Dr. Kiefer. Der hatte gestern um die Mittagszeit einen Termin bei Melzing, also in der Zeit, in der er umgebracht wurde. Nach ersten Informationen von Melzings Sekretärin ging es um ein Gerichtsgutachten, an dem Melzing arbeitete. Angeblich hat Kiefer bei einer Hüftoperation unsauber operiert. Der Patient ist anschließend an einer Blutvergiftung gestorben."

"Ein Dr. Kiefer? Kenne ich nicht. Der war vor zwei Jahren noch nicht da, als ich am Meniskus operiert wurde. Wäre der nicht sowieso besser in der Zahnklinik aufgehoben?" witzelte Jochen. "Entschuldigung, war nur ein Kalauer, der mir gerade einfiel. In Ordnung. Ich kümmere mich drum. – Übrigens, heißt das, dass Fabel raus ist aus der Sache?"

"Ja, Olli und ich haben gestern Abend noch einmal sorgfältig die Zeitangaben überprüft. Fabel kann es nicht gewesen sein. Der war zur Tatzeit noch in Marbach unterwegs."

"Und was habt ihr in der Zwischenzeit vor?" Jochen war sicher, dass Rückert und Berner die Hände nicht in den Schoß legen würden.

"Es gab da einen Medizinisch-Technischen Assistenten in der Pathologie, den Melzing rausgeschmissen hat. Der war dem Vernehmen nach gar nicht gut auf ihn zu sprechen. Er hatte um die Tatzeit herum ebenfalls einen Termin bei ihm."

Also wurde es heute nichts mit dem gemütlichen Frühstück in der Gemeinschaftsküche im dritten Stock! Ein kurzer Imbiss unterwegs an einem Kiosk musste reichen.

Jochen schnappte sich seinen Rucksack mit Kittel, Büchern und Schreibzeug. In der kleinen Vortasche verstaute er schnell noch eine Tüte Studentenfutter und eine Banane. Dann begann er, in langen Sätzen das Treppenhaus hinunterzustürmen. Gerade rechtzeitig fiel ihm ein, dass im zweiten Stock Daniel Kern wohnte, ein Medizinstudent, der zwei Semester weiter war als er selbst. Außerdem war er in der Fachschaft aktiv und hatte viele Kontakte. Der wusste vielleicht etwas über Kiefer, was ihm weiterhalf. Er unterbrach seinen Sturmlauf und klopfte bei ihm an die Tür.

"Was ist?" ertönte eine verschlafene Stimme, die nach einer Pause ärgerlich wurde. "Zum Henker! Was soll die Hektik so kurz nach Mitternacht?"

"Hi Daniel, du Murmeltier. Es ist heller Tag. Die Vögel zwitschern und die Sonne scheint. Raus mit Dir." Jochen ließ sich nicht abwimmeln.

"Ach leck' mich doch. Wir hatten gestern ein superhartes Badminton-Match und danach noch ein paar Bierchen. Lass mich in Ruhe."

"Daraus wird sowieso nichts, die Putzkolonne kommt bald", machte Jochen ihm Beine. "Du hast vergessen, dein Bitte-Nicht-Stören-Schild an die Türklinke zu hängen."

"Und was willst du?" grantelte Daniel, während er die Tür öffnete. Aus dem abgedunkelten, kaum gelüfteten Zimmer drang ein Dunstschwall aus abgestandenem Bier und Schweiß auf den Flur.

"Das stinkt ja hier wie im Puff", beschwerte sich Jochen.

"Brauchst ja nicht reinzukommen. – Oh, ist mir schlecht. Das letzte Bier war wohl zu viel", stöhnte Daniel.

Jochen hielt sich mit Zeigefinger und Daumen die Nase zu und trat näher.

"Ich brauche nur eine kurze Info. Dann bist du mich wieder los."

"Schieß los, damit ich mich wieder hinhauen kann." Daniel kramte nach dem Schild, das ihn vor der Putzkolonne schützen sollte. Er wollte nicht noch einmal gestört werden.

"Du hast doch die Orthopädie-Kurse schon hinter dir. Kennst du einen Dr. Kiefer?"

"Ja, schon. Was willst du von dem Dünnbrettbohrer?"

"Ist der sehr rabiat? Traust du ihm zu, dass er in Wut gerät und jemanden erschlägt?" Jochen kam gleich zur Sache.

"Wie? Worum geht's?" Daniel traute seinen Ohren nicht.

Jochen wiederholte seine Frage, erzählte ihm vom Tod des Pathologen und ergänzte: "Muss aber alles unter uns bleiben. Er steht auf der Liste der Verdächtigen."

"Kiefer? Niemals. Das ist ein Weichei und Schleimer. Den musst du mal bei der Visite erleben, wenn sein Chef dabei ist. Du musst ständig aufpassen, dass du nicht auf seiner Schleimspur ausrutschst", beschrieb Daniel den Orthopäden drastisch.

Auf der Fahrt in die Lahnberge dachte Jochen darüber nach, wie er an weitere Informationen herankommen könnte. Vielleicht würden ihm seine Connections zur Intensivstation helfen. Noch besser wäre es, wenn er Dr. Volk, der ihn vor zwei Jahren operiert hatte, dazu bringen konnte, ihm Auskunft zu geben. Zu ihm hatte er Vertrauen. Eine Drehbewegung im Knie beim Fußballbolzen hatte den Knorpel am rechten Innenmeniskus gespalten: Dr. Volk, der Oberarzt der Orthopädie hatte sich seiner angenommen. Er war wissenschaftlich keine Koryphäe, aber er war sehr hilfsbereit und manuell äußerst geschickt. Bei den Medizinstudenten war er wegen seiner praxisnahen Seminare beliebt. Er hatte den inneren Knorpelteil, der wie ein Korbhenkel ins Kniegelenk ragte und das Gelenk blockierte, arthroskopisch entfernt. Jochen war es wie ein Wunder vorgekommen, als er aus der Narkose erwachte und sein Kniegelenk wieder frei war. Das bisschen Wundschmerz war nichts gegen die wahnsinnigen Einklemmungsschmerzen, die vorher immer wieder aufgetreten waren. Nach drei Tagen Ruhe und anschließender konsequenter Physiotherapie war er bald wieder fit gewesen. Vier Wochen später konnte er schon das Rudertraining wieder aufnehmen.

Notfalls konnte er sich einfach einer Gruppe der Praktikumsstudenten anschließen. Irgendwo fehlte immer einer. Auch Medizinstudenten wurden krank. Und teilweise überschnitten sich die Praktika, vor allem wenn Studenten von einer anderen Uni nach Marburg gewechselt waren und ein Praktikum nachholen mussten.

Der Zufall half ihm, als er sein dekadentes Frühstück, eine heiße Schokolade und ein Croissant, in der großen Eingangshalle der Orthopädie einnahm und die Banane hinterher schob. Eine Krankengymnastin, die er aus der Zeit der Rehabilitation kannte, wollte sich am Kiosk gerade einen kleinen Snack holen.

"Hallo, Birgit. Erinnerst du dich noch an mich? Meniskusoperation vor zwei Jahren", sprach er sie an.

"Ach, der Korbhenkelriss. Ja, ich erinnere mich gut. Das war beeindruckend, wie schnell du dich damals erholt hast. Warst ja auch sehr konsequent bei den Übungen."

Natürlich kam hinzu, dass ihr der lange sportliche Typ auch sehr sympathisch gewesen war. So jemanden vergaß man nicht so leicht. Leider war er damals schnell wieder aus ihrem Blickfeld verschwunden. Nur in der Kantine waren sie sich gelegentlich noch begegnet, jeder in seinen Bekanntenkreis eingebunden. Sie hatten sich nur kurz zugenickt. Keine Chance, ihn näher kennen zu lernen.

"Hast du wieder eine Verletzung? Ich habe gehört, du bist ein erfolgreicher Ruderer geworden." Sie hatte seitdem die Zeitungsberichte über die Uni-Sportler besonders interessiert verfolgt.

"Nee, zum Glück nicht. Ich suche Dr. Kiefer," sagte er.

"Was willst du denn von dem?" fragte sie zurück, wobei etwas Verachtung mitklang.

"Ein Onkel von mir braucht eine neue Hüfte. Der hat gehört, dass der Kiefer sich darauf spezialisiert hat", flunkerte er.

"Davon weiß ich nichts. Um den würde ich einen großen Bogen machen", warnte sie.

"Wieso?" hakte Jochen nach.

"Na ja, unter uns gesagt: Es gibt bessere Operateure. Er gilt als ziemlich schusselig. Wahrscheinlich liegt es am Alkohol. Wenn er ein paar Schluck getrunken hat, denkt er, er könne genau so flott operieren wie andere. Und dann passieren ihm Fehler, die die anderen oft ausbügeln müssen. Er hat morgens oft schon eine Fahne, die er mit Pfefferminzkaugummi zu verdecken sucht und bildet sich ein, wir würden das nicht riechen."

"Habt ihr ihm das schon mal verraten?" fragte Jochen.

"Bist du verrückt. Er würde das sowieso abgestritten. Und bei nächster Gelegenheit würden wir das zu spüren bekommen."

"Und wie. Wäre er dann ausgerastet?"

"Nee, wütend habe ich den noch nie gesehen. Wenn seiner Meinung nach etwas schief läuft, schaut er nur mürrisch drein und knurrt verächtlich. Du kannst sicher sein, dass der Chef es fünf Minuten später weiß. Aber frag' lieber noch mal bei den OP-Schwestern nach. Die beschweren sich auch immer über seine Hinterhältigkeit, wenn sie eine Kleinigkeit übersehen. Dabei macht er selbst die meisten Fehler. Oder noch besser, du kennst doch den Volk, der dich damals operiert hat. Frag' den mal nach Kiefer."

Jochen sah sich den OP-Plan an. Danach müsste Dr. Volk bald mit seinem Eingriff fertig sein. Er nahm den Madea, ein Buch über Forensische Medizin, aus dem Rucksack, das er in letzter Zeit immer bei sich hatte, und vertiefte sich in das Kapitel über Leichenstarre. Aber er kam nicht weit.

Offenbar hatte es keine Komplikationen gegeben. Voller Elan kam Volk aus der Schleuse, in der sich das ärztliche Personal umzog.

Er begrüßte Jochen freundschaftlich.

"Na, hält das Knie? Ich habe von Ihren Erfolgen beim Rudern gelesen. Dritter bei den Deutschen Uni-Meisterschaften im Vierer. Das ist schon was!"

"Ja, ich bin ganz zufrieden. Bin jetzt auf den Einer umgestiegen. – Und bei Ihnen? Alles glatt verlaufen bei der OP?"

"Ja, ja, nichts Besonderes. War nur ein Bandscheibenvorfall mit Sequesterbildung. Ließ sich ohne Probleme ausräumen. Der Patient hatte erstaunlich wenig Schmerzen, aber beginnende Lähmungserscheinungen, die er zuerst nicht ernst genommen hat. Und was führt Sie zu mir?"

Jochen sagte wieder sein Sprüchlein von dem Onkel mit der Hüftoperation auf.

Volk blickte ihn forschend an. Dann schaute er sich vorsichtig um und senkte seine Stimme.

"Wer hat ihm denn *den* Bären aufgebunden? Wenn es nach mir ginge, würde Kiefer überhaupt nicht mehr operieren. Selbst der Chef weiß, dass er säuft und unsauber operiert, aber er stellt sich schützend vor ihn, weil sie in der gleichen Verbindung sind. Bei ihm passieren die meisten Wundinfektionen. Kürzlich ist sogar einer seiner Patienten an einer Sepsis gestorben. Aber wie ich ihn kenne, zieht er wieder den Hals aus der Schlinge. Das muss aber unter uns bleiben." Er schaute noch einmal prüfend auf seinen ehemaligen Patienten und kam offenbar zu dem Ergebnis, dass er Jochen vertrauen konnte.

"Davon abgesehen ist er ein sehr unangenehmer Kollege. Er hängt sich in alles rein, auch in Sachen, die ihn nichts angehen. Bei uns heißt er deshalb 'Tauchsieder'. Und er hat dann nichts Besseres zu tun, als uns beim Chef anzuschwärzen. Das ist ein ganz linker Vogel. Wenn ich nur wüsste, wie man ihn los werden kann."

"Vielleicht kann ich dabei behilflich sein. Wie reagiert er denn, wenn er wütend wird?" erkundigte sich Jochen in der Hoffnung, nicht zu aufdringlich zu wirken. Aber Volk war viel zu sehr in Fahrt, als dass er auf so etwas geachtet hätte. Wahrscheinlich war er froh, das alles mal los zu werden.

"Wut kenne ich bei dem gar nicht. Für eine direkte Konfrontation fehlt ihm der Mumm. Wenn er sich ärgert, bleibt er nach außen scheißfreundlich und geht dann zum Chef, um sich bei ihm auszuweinen. Aber Sie können sicher sein, bei der nächstbesten Gelegenheit stellt er Ihnen ein Bein."

Das klang nicht anders als bei der Krankengymnastin.

Jochen war der Meinung, dass diese übereinstimmende Beurteilung aus drei verschiedenen Lagern fürs erste reichen würde. Zu Kiefer passte die Tat nicht recht.

Er informierte Rückert über das Ergebnis seiner Nachforschungen.

"Der Orthopäde kommt nach meinen Informationen kaum in Frage. Das ist zwar ein Arschloch. Aber alle, die ihn kennen, meinen übereinstimmend, dass er gar nicht die Eier hätte, auf jemanden loszugehen. Trotzdem könnt Ihr ihn euch sicherheitshalber auch noch einmal selbst vornehmen. – Und wie seid ihr vorangekommen?"

"Wir sind jetzt auf dem Weg zu dem ehemaligen MTA von Melzing namens Friedel. Wir wissen jetzt schon etwas mehr. Er hatte damals ein Mikroskop zur Seite geschafft und wollte jetzt wegen des alten Zeugnisses bei Melzing, das er bei der Kündigung erhalten hatte, vorsprechen. Er war für kurz vor zwölf auf dem Tischkalender eingetragen. Die Sekretärin von

Melzing hat ihn auch noch zu ihrem Chef vorgelassen. Später musste sie ihm noch einen Ausdruck des Zeugnisses bringen, das Melzing ihm bei seinem Ausscheiden aus der Pathologie geschrieben hatte. Danach ist sie essen gegangen."

"Aber wenn er Melzing umgebracht hätte, hätte er dann nicht das Blatt aus dem Kalender gerissen?" gab Jochen zu bedenken.

"Die Tatwaffe lässt vermuten, dass die Tat im Affekt geschah. Wenn man Hals über Kopf flüchtet, macht man leicht Fehler. Das habe ich oft genug erlebt. Auf jeden Fall müssen wir der Spur nachgehen. Bis später. Wir halten dich auf dem Laufenden. Und vielen Dank für deine Recherchen."

Kapitel 9

Von der Chefsekretärin in der Pathologie hatten Rückert und Berner die Adresse des gefeuerten MTA erhalten. Friedel wohnte am Rande von Ockershausen in einem gepflegten, schön restaurierten Fachwerkhaus, vor dem ein silbergrauer VW-Kombi stand. Sie klingelten an der Haustür, die mit einem üppig ausgestatteten Türkranz, Symbol der Gastfreundschaft, geschmückt war. Es rührte sich nichts.

Ein Plattenweg führte sie in einen kleinen Hof, der hufeisenförmig angelegt und mit einem ganzen Arsenal von Kaninchenställen bestückt war, die jeweils drei bis vier Käfige beherbergten. Das mussten weit über hundert Tiere sein.

Rückert dachte an das Geld, das die Kaninchen als Sonntagsbraten einbringen würden. Es war schon lange her, dass er in einem Feinschmeckerlokal bei einem Besuch in Nürnberg das zarte, wohl schmeckende Fleisch in einer herrlichen, etwas süßlichen Soße mit gedünsteten zarten Möhrchen genossen hatte. Das war zwar sauteuer gewesen, aber es hatte sich gelohnt. Erinnerungsträchtig sagte er: "Da läuft einem ja das Wasser im Munde zusammen."

"Nix da! Die sind viel zu schade zum Essen", empörte sich Berner. "Das ist eine klasse Kaninchenzucht. Das da sind Deutsche Riesen blau, daneben Helle Großsilber, Rote Neuseeländer, Thüringer, Sachsengold, Marburger Feh und so weiter, alles wunderschöne Tiere. Und hier eine Auswahl edler Zwergkaninchen: Löwenköpfchen, Satin- und Cashmerewidder, Angoralöwen und Widderzwerge. Da steckt viel Arbeit und Geld drin."

"Du kennst dich ja gut aus. Züchtest du selbst auch Kaninchen?" Rückert war überrascht. Olli hatte ihm nie von diesem Hobby erzählt.

"Nee, nee. Ich nicht, aber mein Vater ist Hobbyzüchter. Er war bei der Bahn, Lokomotivführer. Seit seiner Pensionierung investiert er viel Geld in seine Karnickelzucht. Ein guter Zuchtrammler kostet eine schöne Stange Geld. Und der zeitliche Aufwand ist enorm, nicht nur die Zucht und Pflege, sondern auch der Besuch der Tierschauen, die alle Nase lang stattfinden. Mein Vater reist mit seinen schönsten Tieren in ganz Deutschland und den Nachbarländern rum. Besonders in der Schweiz gibt es eine Menge Leute, die einen Narren an Kaninchen gefressen haben. Jetzt ist er auch noch in das Gremium der Preisrichter gewählt worden. Meine Mutter bekommt ihn kaum noch zu Gesicht und jammert fürchterlich darüber, dass ihr kaum noch Haushaltsgeld bleibt, weil mein Vater alles in die Kaninchen und seine Reisen steckt."

"Ich erinnere mich, dass mein Vater als Überbleibsel aus der Nachkriegszeit noch ein paar Kaninchen für die eigene Nutzung gehalten hat. Wir hatten keine eigene Wiese, da wurde ich immer zum Futterklauen losgeschickt. Ich weiß noch, dass ich mich immer vor den Hunden der Bauern in acht nehmen musste. Damals gab es noch kein Pfefferspray."

Rückert hatte offenbar eher getrübte Erinnerungen an Kaninchen. "Viel lieber wäre ich damals mit den anderen durch die Wälder gestreift. Selbst der leckere Kaninchenbraten an Weihnachten und Ostern, den meine Mutter zubereitet hat, konnte mich dafür nicht entschädigen."

"Deswegen kannst du dich so gut in die Mentalität von Dieben und anderen Halunken hineinversetzen. Du warst selbst einer, angestiftet von deinem Vater", grinste Berner. "Heutzutage ist es aber mit Wasser, Heu und Löwenzahn nicht mehr getan. Damit das Fell besonders schön wird, füttert man spezielle Pellets, frisches Gemüse wie Möhren, Sellerie und Futterrüben, wenn es geht, sogar frischen Salat, Brennnesseln, Äpfel und anderes Obst. Das ist eine Wissenschaft für sich.

Die Zuchtkaninchen werden gesünder ernährt als die meisten Menschen, damit sie möglichst lange topfit bleiben und Schönheitspreise einheimsen."

Sie gingen wieder zurück zur Haustür und klingelten noch einmal. Eine etwas füllige, nicht unattraktive Frau mit weißem Kopftuch, in einem adretten weiß-blauen Blümchenkleid mit weißer Küchenschürze darüber, öffnete ihnen.

"Frau Friedel?" fragte Rückert. Sie nickte.

"Kriminalhauptkommissar Rückert, mein Kollege Berner. Ist Ihr Mann zu sprechen?" Sie zuckte zusammen.

"Hat er schon wieder etwas angestellt?" fragte sie bedrückt.

"Wir gehen nur routinemäßig einigen Spuren in einer anderen Sache nach." Rückert wollte ihr nicht unnötig Angst einjagen.

"Dann ist's gut. Er ist bestimmt kein schlechter Mensch, nur etwas leichtsinnig."

"Ist Ihr Mann da?" wiederholte Rückert geduldig.

Sie schüttelte den Kopf. "Tut mir leid. Der besorgt gerade Kaninchenfutter. Er müsste aber jeden Moment zurückkommen. – Haben Sie vor fünf Minuten schon mal geklingelt?" Rückert und Berner nickten.

"Ich hatte gerade die Hände voller Teig und bekam sie nicht schnell genug sauber. Kommen Sie doch mit in die Küche."

Geschäftig ging sie voran in eine geräumige, gemütliche Wohnküche, die von einem würzigen Duft erfüllt war. Sie schob den Teigberg und die Backzutaten, die über die ganze Fläche des Küchentischs verteilt waren, etwas zusammen und wischte mit einem sauberen Tuch über die frei gewordene Ecke.

"Das ist für unser Roggenbrot. Wir backen einmal in der Woche zusammen mit Freunden im alten Backhaus", entschuldigte sie sich wegen der Unordnung.

"Aber ich bitte Sie, der Küchentisch ist eine Arbeitsfläche. Sie sollten meinen Schreibtisch mal sehen", entgegnete Rückert freundlich. Das ermutigte Frau Riedel, ihre Gastfreundschaft zu demonstrieren und sie wie normalen Besuch zu behandeln.

"Darf's ein Kaffee sein? Mögen Sie Butterlochkuchen?"

Rückert und Berner waren unschlüssig. Schließlich waren sie ja in Sachen Verbrechensaufklärung unterwegs und fanden es unpassend, sich wie ein willkommener Besuch verwöhnen zu lassen. Andererseits würde es der Frau vielleicht gut tun und sie von ihren Befürchtungen etwas ablenken.

Der Butterlochkuchen gab bei Berner den Ausschlag "Ja, gern", antwortete er. Sie merkten, wie froh Frau Friedel war, dass sie die Wartezeit mit einer sinnvollen Beschäftigung überbrücken konnte.

"Das Brot ist vor allem für unsere Kaninchen. Die knabbern so gern die getrockneten Kanten. Aber wir selbst haben uns inzwischen auch gut daran gewöhnt. Wäre ja auch Unsinn, wenn wir für uns noch extra anderes Brot backen würden. Und, wie schmeckt Ihnen der Kuchen?" plapperte sie drauf los, im Bemühen ihre Unsicherheit zu verbergen.

"Ein Gedicht!" antwortete Berner und verdrehte die Augen. Man sah ihm an, dass er das ehrlich meinte. Der wunderbar lockere Hefeteig war mit einer köstlichen Kruste aus Zucker und Fett überzogen. Höhepunkte jedes Bissens waren die vielen mit zerlassener Butter und Zucker gefüllten Kuhlen.

Rückert schloss sich dem Lob an. Aber die sensible Frau merkte ihm doch die Ungeduld an.

"Kann ich Ihnen vielleicht schon weiter helfen?" fragte sie im Bemühen, ihn zu besänftigen,

"Nein, nein da kann uns – glaube ich – nur Ihr Mann helfen. Es sei denn … Vielleicht können Sie uns sagen, wo Ihr Mann gestern Mittag war?"

"So weit ich weiß, war er bei seinem ehemaligen Chef in der Pathologie. Er wollte ihn zu einer kleinen Abänderung in seinem letzten Zeugnis überreden. Hören Sie, er hat seinen Fehler mit der Entwendung des Mikroskops eingesehen. Er hat das Geld dafür später erstattet. Und die Entlassung war ja Strafe genug. Ich habe ihm geraten, bei dem Gespräch unsere beiden Kinder zu erwähnen."

"Wie alt sind sie denn?" fragte Berner, der als Familienvater für die schwierige Situation mehr Verständnis hatte als sein Chef, der Junggeselle war.

"Vier und zwei Jahre. Tobias und Angelika. Sie sind noch im Kindergarten."

"Ein schönes Alter, das muss man genießen. Sie sind aus dem Gröbsten raus, so goldig und neugierig auf alles", schwelgte Berner in der Erinnerung an seine Kinder aus dieser unbeschwerten Zeit. "Ein paar Jahre später beginnt der Ernst des Lebens. In der Schule wird ihnen die Neugier ausgetrieben, und der Konkurrenzkampf um Noten und Markenklamotten beginnt. Da ist der Spaß vorbei. Kinder kennen kein Erbarmen. Meine sind jetzt zwölf und zehn." Berner stieß in gespielter Verzweiflung einen Stoßseufzer hervor.

"Und hatte Ihr Mann Erfolg?" Rückert blieb bei der Sache.

"Zumindest hat Professor Melzing zugesagt, dass er das Zeugnis noch einmal überdenken will, um meinem Mann die Zukunft nicht zu verbauen."

"Das hört sich ganz ermutigend an. Hat Ihr Mann das auch so gesehen? Oder wirkte er aufgewühlt, irgendwie anders als sonst?"

"Nein, gar nicht. Er machte einen ganz zuversichtlichen Eindruck."

Frau Friedel war erleichtert, dass es anscheinend um eine harmlose Angelegenheit ging. Sonst hätten die Beamten anders reagiert.

"Und finanziell scheinen Sie inzwischen gut zurecht zu kommen? Das Haus ist ja wunderschön restauriert, und die Kaninchenzucht erste Sahne", lobte Berner.

"Ja, das Haus ist wirklich schön geworden! Da gab es großzügige Unterstützung vom Land Hessen. Ockershausen feiert nächstes Jahr sein 775-jähriges Bestehen. Auch sonst sind wir jetzt gut dran. Mein Mann hat einen Halbtagsjob in seinem alten Beruf als Elektriker gefunden, und die Kaninchenzucht wirft inzwischen etwas ab. Wir können nicht klagen."

Rückert und Berner schauten sich an. Sie waren sich einig. Nach allem, was sie gehört hatten, schied Friedel wahrscheinlich als Täter aus. Die erhoffte Schönung des Zeugnisses war nicht mehr als ein Versuch, den Mantel des Schweigens über einen kleinen Fehltritt zu breiten. Deshalb brachte man niemanden um. Aber vielleicht hatte Friedel jemanden gesehen, bevor er das Gebäude verließ. Das konnten sie morgen noch klären.

Jetzt wollten sie erst einmal der nächsten Spur nachgehen und den von Jochen vorgecheckten Orthopäden unter die Lupe nehmen, der für sie immer noch zum Kreis der Verdächtigen gehörte.

Rückert erhob sich ostentativ, um Berner zu aktivieren, der gerade das nächste Stück Kuchen ins Auge gefasst hatte.

Berner schluckte den Speichel herunter, der sich angesichts des nächsten Leckerbissens schon in seinem Mund angesammelt hatte. Mit Mühe riss er sich von dem Kuchen los, der ihm nun entgehen würde.

"Danke, dass Sie uns so freimütig Auskunft gegeben haben. Richten Sie doch, bitte, Ihrem Mann aus, dass wir ihn morgen um neun im Kommissariat erwarten. Wir müssen seine Aussage zu Protokoll nehmen. – Übrigens: Ihr Butterlochkuchen ist einsame Spitze." Sie ließen eine erleichterte Hausherrin zurück.

Gerade als sie die Gartentür geschlossen hatten, um in ihren Wagen zu steigen, kam ihnen auf dem schmalen Bürgersteig mit flottem Schritt ein schlaksiger Mann Ende 30 entgegen, einen prall gefüllten Plastikbeutel über der rechten Schulter. Er machte ihnen den Bürgersteig frei, indem er auf die Straße auswich, und grüßte sie höflich, wie das auf dem Dorf üblich war, obwohl er sie nicht kannte. Zielstrebig steuerte er auf das Gartentor zu, das sie gerade hinter sich zugezogen hatten.

Rückert wandte sich um, "Herr Friedel, nehme ich an?" Er schaute den jungen Mann fragend an.

"Ja, waren Sie gerade bei uns?" Friedel drehte sich langsam um, nichts Gutes ahnend.

"Das passt ja großartig. Haben Sie ein paar Minuten?" Rückert hielt ihm seinen Dienstausweis hin. "Am besten, wir unterhalten uns gleich in unserem Wagen."

"Wenn es sein muss." Friedel ergab sich in sein Schicksal.

Rückert räumte die Utensilien, die auf dem Rücksitz verteilt waren, zur Seite und setzte sich neben Friedel, nachdem dieser Platz genommen hatte.

"Wir wissen von Ihrer Frau, dass Sie am Mittwochmittag wegen der Korrektur Ihres letzten Zeugnisses bei Professor Melzing in der Pathologie waren. Haben Sie während des Gesprächs oder danach etwas Auffälliges bemerkt?"

"Nee. Da war eigentlich nichts Besonderes", meinte Friedel, erleichtert, dass der Diebstahl des Mikroskops nicht angesprochen wurde.

"Das einzige war eine Unterbrechung durch ein Telefonat, als ich gerade von meinen Kindern erzählen wollte. Ich habe nur noch mitbekommen, dass das der Herr Dekan war. Professor Melzing hat mich dann hinausgeschickt. Ich habe so lange im Sekretariat gewartet."

"Wie lange hat das gedauert?"

"Das waren höchstens fünf Minuten. Sie können ja Frau Hainbuch fragen. Die hat sich noch nach meinen Kindern erkundigt und mich getröstet. Sie hat mir versprochen, ein gutes Wort für mich einzulegen. Als Professor Melzing mich dann wieder hereingeholt hat, hat er sich mein Zeugnis ausdrucken lassen. Sie hat es ihm reingebracht und sich dann in die Mittagspause verabschiedet. Sie hat nur noch gefragt, ob sie die Tür abschließen soll. Aber das wollte er nicht. Er hat dann die Zwischentür offen gelassen. Das scheint er öfter so gemacht zu haben."

"Scheiße", fluchte Berner vorne auf dem Fahrersitz, "Da kann ja jeder reingekommen sein."

Rückert interessierte sich mehr für das Gespräch mit dem Dekan: "Haben Sie mitbekommen, worum es dabei ging?"

"Nicht richtig. Die Tür war ja geschlossen. Nur einmal habe ich gehört, als er mit erhobener Stimme fragte: Haben Sie denn das nötig? Oder so was Ähnliches. Frau Hainbuch müsste das auch mitgekriegt haben."

"Ja. Die hat auch so etwas angedeutet. Ist Ihnen eigentlich jemand entgegengekommen, als Sie im Vorzimmer gewartet haben?"

"Jetzt wo Sie danach fragen: Da war ein Arzt im weißen Kittel mit so einem Gerät zur Winkelmessung in der Tasche. Das hatte ich noch nie gesehen. Deshalb ist es mir in Erinnerung geblieben."

"Gut aufgepasst!" lobte Rückert und sagte zu Berner: "Das muss der Orthopäde gewesen sein, von dem uns die Sekretärin erzählt hat."

"Und später, ist Ihnen da jemand begegnet?"

"Auf dem Flur standen ein paar Leute im Kittel zusammen, die ich von früher kannte. Da habe ich mich schnell vorbei gemogelt. Ich wollte nicht erkannt werden."

"Versuchen Sie, bitte, sich zu erinnern, wer das war und machen Sie uns bis morgen eine Liste: Uns interessieren alle, die sich zu diesem Zeitpunkt in der Pathologie aufgehalten haben. Gibt es sonst noch etwas, was Ihnen einfällt?"

"Na ja, ich bin nicht sicher. Aber vielleicht ist es doch von Bedeutung. Professor Melzing hat etwas mit Bleistift in meinem Entlassungszeugnis geschrieben. Ich konnte das Gekritzel aber nicht lesen."

"Das sagen Sie erst jetzt? Das könnte Sie vielleicht entlasten." Ruckert machte sich eine Notiz in seinem Organizer. "Kommen Sie morgen um neun ins Präsidium. Da wird ein Protokoll gemacht, das Sie unterschreiben müssen."

Berner schaltete sich ein: "Wir haben vorhin Ihre Kaninchenzucht besichtigt. Das sind ja wunderschöne Tiere."

"Ja", Friedel war froh über den Wechsel zu einem Thema, das ihm Spaß machte. "Sie haben sich inzwischen gut herausgemacht. Die sorgfältige Pflege hat sich bezahlt gemacht. Ich bin gut im Geschäft."

"Und wieso damals der Diebstahl der Mikroskope?" konnte Rückert sich nicht verkneifen zu fragen.

"Können Sie sich vorstellen, wie das ist, wenn man plötzlich ein paar Zuchtrammler zu einem Schnäppchenpreis angeboten bekommt und nicht flüssig ist. Da musste ich mir etwas einfallen lassen. Und da waren so viel Mikroskope im Seminarraum. Ich hätte nie gedacht, dass man es merkt, wenn ich eins davon verscherbeln würde."

Berner lachte, für ihn war das ein typischer Fall von Beschaffungskriminalität, die in seinen Augen schon fast entschuldbar war. Ungefähr wie der Griff seines Vaters in die Haushaltskasse seiner Mutter, wenn er zu einer Kaninchenschau reisen wollte.

Kapitel 10

Jochen hatte beschlossen, seinem Studium mal wieder eine Chance zu geben. Laut Semesterstundenplan stand heute in der Pädiatrievorlesung ein zentrales Thema der Kinderheilkunde an: 'Durchfallserkrankungen'. Der Dozent, Professor Knippich, war wissenschaftlich sehr renommiert und für seine anspruchsvollen Vorlesungen bekannt. Er legte die Krankheitsmechanismen ausführlich und – für den aufmerksamen Zuhörer – gut verständlich dar. Aber er war nicht gerade ein mitreißender Redner. Er schien so von seiner Thematik begeistert, dass ihm der besondere Zuspruch der Studenten gleichgültig war. Allerdings war er souverän genug, darüber hinwegzusehen, dass einige der Studenten sich ihren Kaffee ins Kolleg mitgebracht hatten und Gebäckteilchen vor sich hin mümmelten. Eine Kommilitonin in der dritten Reihe strickte unverfroren an einem Pullover, eine andere, die wenigstens so viel Anstand hatte, sich mehr nach hinten zu setzen, wechselte bei ihrem quäkenden Baby die Windeln und gab ihm die Brust.

Jochen widerte das an. Entweder man ging in die Vorlesung, um etwas zu lernen, oder man sollte gefälligst draußen bleiben und die anderen nicht stören. Das war hier doch kein gemütliches Beisammensein! Am liebsten hätte er den Hörsaal von diesem Gesindel räumen lassen. Doch das lag nicht in seiner Macht. Das hätte Knippich selbst in die Hand nehmen müssen, und der war viel zu gutmütig. Bei den meisten anderen Dozenten hätte Jochen die Flucht ergriffen. Aber der etwas weltfremde Knippich war ihm von Anfang an sympathisch gewesen.

Als er ihm einmal auf dem Flur begegnet war, hatte er ihn darauf angesprochen.

"Stört Sie denn diese Disziplinlosigkeit der Studenten nicht?"

Knippich hatte ihn darauf hin nur resignierend angelächelt: "In meiner Anfangszeit als Dozent habe ich mir das verbeten und bin ein paar Mal einfach aus dem Hörsaal gegangen. Es ist ja nicht meine Aufgabe, unerzogenen Studierenden Manieren beizubringen. Prompt haben mir die Fachschaftsvertreter den Studiendekan auf den Hals gehetzt, der mir vorwarf, dass ich meinem Lehrauftrag nicht nachkäme. Seitdem versuche ich, einfach darüber hinwegzusehen."

Nachdem Knippich sich über die häufigsten Ursachen der Durchfallserkrankungen bei Kindern ausgelassen hatte, wollte er auf deren Behandlung eingehen.

"Was halten Sie von der Empfehlung, dass man bei Durchfall Cola und Salzstangen verabreichen soll?" fragte ein Kommilitone dazwischen, der Jochen schon einige Male unangenehm aufgefallen war, weil er sich gerne in Szene setzte. Er war etwa doppelt so alt wie Jochen, einer der 'Spät-Berufenen', die irgendwie zu Geld gekommen waren und ihren früheren Job an den Nagel gehängt hatten. Sie erfüllten sich ihren Jugendtraum und studierten Medizin. Als hätte die medizinische Welt nur auf sie gewartet!

Um seine Belesenheit zu demonstrieren, fügte der Kommilitone hinzu. "Das habe ich kürzlich in 'Grönemeyers Hausbuch der Gesundheit' gelesen."

"Ja, ja, die Radiologen wissen alles", lächelte Knippich nachsichtig. "Aber im Ernst, meine verehrten Damen und Herren: Unterschätzen Sie nicht die Wirkung solcher Bücher, die sich in allgemein verständlicher Sprache an die Laien richten. Wir können froh sein, dass auf diese Weise breiten Kreisen der Bevölkerung Informationen über wichtige medizinische Themen vermittelt werden. Wichtig ist nur, dass vor allem die Anleitungen zur Selbsttherapie zutreffend sind. Die zitierte Empfehlung hat beispielsweise ihre Tücken."

"Das habe ich aber bisher selbst immer gemacht, wenn ich mal Durchfall hatte", beharrte der Methusalem. "Und es hat immer funktioniert."

"Dann hatten Sie zum Glück nur eine leichte Form der Gastroenteritis, bei der die Entzündung nicht sehr ausgeprägt war. Bei stärkeren Entzündungen und besonders bei kleinen Kindern könnte sich das fatal auswirken. Können Sie sich vorstellen, warum?"

Das war typisch für Knippich. Er machte den Klugscheißer nicht fertig, sondern suchte einen Weg, ihn zu eigenen Überlegungen zu aktivieren. Das fand Jochen bewundernswert. Die Geduld hätte er nie aufgebracht.

"Cola ist sehr süß. Die hohe Kalorienzufuhr müsste eigentlich sinnvoll sein, wenn die ganze Nahrung verloren geht."

"Das stimmt schon, aber Sie kennen die hohe Osmolarität süßer Flüssigkeiten, und die Kohlensäure reizt die Schleimhäute zusätzlich. Das verschlimmert die Situation", gab Knippich zu bedenken.

"Ach ja, daran habe ich nicht gedacht." Der Altstudent gab sich endlich geschlagen.

Abschließend kam Knippich auf die Differenzialdiagnose der Durchfallserkrankung zu sprechen, unter anderem auf die Mukoviszidose. Auf seinen Forschungsschwerpunkt, die Entzündung der Dünndarmschleimhaut, hatte Melzing bei der Leichenschau offensichtlich angespielt.

"Die fehlenden Verdauungsenzyme aus der Bauchspeicheldrüse können zwar inzwischen gut ersetzt werden", führte er weiter aus. "Aber das nützt alles nichts, wenn der saure Speisebrei aus dem Magen nicht ausreichend alkalisiert werden kann. Dann hilft manchmal die ganze Enzymsubstitution nichts. Fett und Eiweiß werden unverdaut weiter durch den Darm ausgeschieden. Es wird ein massiger stinkender Stuhl ausgeschieden, genau so als würden gar keine Verdauungsenzyme verabreicht. Zum Glück sind nur wenige Mukoviszidose-Patienten davon betroffen. Aber bei denen kommt man mit der Kalorienzufuhr nicht voran. Wir konzentrieren uns zur Zeit auf die Forschung an der Dünndarmschleimhaut. Da gibt es noch eine Reihe ungeklärter Fragen, mit denen ich Sie jetzt nicht langweilen will."

Toll, dachte Jochen, er kennt seine Grenzen. Es gab auch Dozenten, die ihrer Forschung so viel Bedeutung beimaßen, dass sie ihre ganze Vorlesung mit wissenschaftlichen Bonbons bestritten. Zum Ärger der Studenten, denen die praktische Erfahrung fehlte, Wichtiges von Unwichtigem zu unterscheiden.

Er erinnerte sich wieder an das kleine Mädchen aus der Pathologie. Möglicherweise hatte auch sie diese besondere Form der Verdauungsstörung.

Er sprach Knippich nach der Vorlesung darauf an und nutzte die Gelegenheit, ihn gleich nach einer Doktorarbeit zu fragen.

Dieser war ganz konsterniert: "Die kleine Jasmin ist in die Pathologie gekommen? Die Eltern hatten sich doch eindeutig gegen eine Obduktion ausgesprochen, und das wird von uns strikt respektiert. Da muss etwas schief gegangen sein. Ich werde mich darum kümmern. Danke für den Hinweis. – Und wegen der Doktorarbeit könnten wir uns nachher in Ruhe unterhalten. Oder haben Sie Ihren Scheck über 10.000 Euro dabei? Dann wäre das schon erledigt", sagte er mit ernster Miene, die dann von einem jungenhaften Grinsen abgelöst wurde. "Sie haben das wahrscheinlich auch in der Zeitung gelesen. Manche Professoren bessern sich auf diese Weise ihr Gehalt auf."

Er beobachtete belustigt, wie Jochen ganz entgeistert drein-schaute, bevor ihm Knippichs Miene verriet, dass der Dozent nur Spaß machte.

Knippich war so gelöst, wie er ihn in der Vorlesung noch nie erlebt hatte. Eine Ein-Mann-Show im Kolleg war nicht seine Sache. Aber im Gespräch unter vier Augen schien er dann aufzutauen.

"Jetzt habe ich einen Termin beim Dekan. Hätten Sie um vierzehn Uhr Zeit?"

Jochen musste um sechzehn Uhr zum Rudertraining am Bootshaus sein. Da war noch genügend Spielraum für ein Gespräch mit Knippich. Die Sporttasche hatte er schon fertig gepackt in seinem 'Floh'.

"Ja, das passt mir gut. Ich bin um zwei bei Ihnen."

Anschließend schaute Jochen in der Frauenklinik vorbei, um sich bei der Chefsekretärin den Schein für das Gynäkologie-Praktikum abzuholen. Als er anklopfte und die Tür zum Sekretariat öffnete, hörte er aus einiger Entfernung ihre Stimme: "Einen Moment, bin gleich da." Die Tür zum Arbeitszimmer des Chefs stand offen, so dass er einen Teil des Raumes einsehen konnte. Der edle schwarze Schreibtisch erinnerte ihn an einen Flügel, aber anstelle der Klaviernoten war er voll von Unterschriftenmappen und anderen Unterlagen, die der Erledigung harrten. Die Sekretärin hatte Mühe, die aktuelle Post noch unterzubringen. Den hellbraunen Parkettboden schmückte ein Teppich, der große Ähnlichkeit mit dem im Arbeitszimmer des ermordeten Melzing hatte. Nur dass die Ornamentierung aus Festszenen, nicht aus Jagdmotiven bestand. Also doch kein kostbarer Perserteppich, sondern Massenware?

Jochen war sich nicht sicher. Ihn konnte man mit wertvoller Auslegware sowieso nicht beeindrucken. Ein fliegender Teppich wäre ihm lieber gewesen.

Er nutzte die Gelegenheit, vor dem Mittagessen noch einmal im gynäkologischen Phantomkurs vorbeizuschauen, in dem die Studenten an einem Beckenmodell lernten, schwierige Entbindungen zu üben. Er hatte seinen Spaß daran, wie die Anfänger mit den zwei Zangenblättern, die für die Zangenentbindung zusammengefügt werden mussten, ungeschickt herumfuhrwerkten. Das Training mit den Zangen beim Würstchengrillen auf den Lahnwiesen erwies sich als unzureichend.

Jochen stand auf der Liste der Studenten, die in diesem Semester erste Erfahrungen im Kreißsaal sammeln durften. Er sah seiner ersten echten Geburt mit gemischten Gefühlen entgegen und trainierte noch einmal das schonende Vorgehen bei der Entwicklung des Säuglingskopfes aus dem Geburtskanal. Es kam besonders darauf an, die Zugkraft zwischen Kopf und Schulter gering zu halten, um Nervendehnungen oder sogar –risse zu verhindern. Andernfalls würden langwierige Lähmungserscheinungen die Folge sein. Er hatte einen ganz schönen Bammel davor, bei seinen ersten Babys einen Schaden anzurichten, der nur schwer oder gar nicht wieder gut zu machen war.

Überhaupt konnte einem das überall passieren, dass plötzlich eine Frau ein Kind bekam: Im Zug, im Flugzeug, sogar im Bus. Dann war man als Medizinstudent plötzlich gefordert, selbst wenn man wenig praktische Erfahrung hatte.

Der Oberarzt, der die Gruppe betreute, war ein Schönling vom Typ Brad Pitt. Er wurde von den Studentinnen angehimmelt, von den Studenten eher argwöhnisch betrachtet. Aber an seinem manuellen Geschick gab es keinen Zweifel. Diese harmonische fließende Bewegung bei der Führung der Neugeborenen-Puppe durch das Beckenmodell war wirklich gekonnt. Jochen beneidete ihn darum.

"Toll, wie Sie das machen", säuselte eine seiner Verehrerinnen. Man hatte den Eindruck, dass sie sich am liebsten gleich von ihm entbinden lassen wollte. Leider war sie nicht schwanger. Aber was nicht war, konnte ja noch werden.

"Wenn Sie erst einmal ein paar tausend Babys zur Welt gebracht haben, können Sie das genau so gut", wehrte er lässig das Lob ab.

Jochen wurde von dem Geplänkel der beiden fast übel, aber er war froh, seine Kenntnisse noch einmal auffrischen zu können. Danach fühlte er sich für die bevorstehenden Aufgaben im Kreißsaal besser gerüstet.

In der Kantine wählte Jochen den Erbseneintopf mit Wiener Würstchen, den er so gern mochte. Er lud sich noch ein Kirschjoghurt und ein Stück Quarkkuchen auf das Tablett und suchte nach einem Platz. Es war ziemlich voll im Essenssaal, so dass er gezwungen war, sich an einen Tisch mit Erasmus-Studenten zu setzen, die beim Essen einen eigenen kleinen Klub gebildet hatten.

Jochen hielt nicht viel von diesen Europa-Studenten, die im Rahmen eines europäischen Bildungsprogramms durch die Länder tingelten. Kaum einer konnte ausreichend Deutsch, so dass sie in den Vorlesungen wenig verstanden und den Betrieb in den Praktika behinderten. Für die meisten war es mehr ein angenehmer, preisgünstiger Auslandsaufenthalt mit Partys, Flirts und Abenteuer. Rausgeschmissenes EU-Geld, fand Jochen. Noch ärgerlicher fand er es, wenn diese Studententouris für schlechtere Leistungen bessere Noten einheimsten als ihre deutschen Kommilitonen.

Er kümmerte sich nicht weiter um sie, sondern beobachtete interessiert, wie der Dekan und einige Professoren, darunter auch der schnauzbärtige Chef der Gynäkologie, etwas abgesondert von den anderen, in einer kleinen Nische vor dem Notausgang angeregte Diskussionen führten. Demnächst standen die Dekanatswahlen an, bei denen die Professorenlisten den Ausschlag gaben. Jochen hatte kürzlich bei der Unterhaltung einiger Fachschaftsstudenten mitbekommen, dass der derzeitige Amtsinhaber sich wieder zur Wahl stellen wollte. Als schärfster Widersacher galt einer der beiden Prodekane.

Ihn kümmerte das nicht sonderlich. Für ihn war vor allem wichtig, dass der jetzige Studiendekan im Amt blieb. Ein sehr engagierter Mann, der die Verbesserung der medizinischen Ausbildung vorangetrieben hatte und auch im persönlichen Umgang einen guten Draht zu den Studenten hatte. Hochschulpolitik als Selbstzweck interessierte ihn nicht.

Mit einem Becher Kaffee in der Hand ging Jochen anschließend in die Bibliothek der Kinderklinik und blätterte die letzten Monatshefte der Zeitschriften "Gastroenterologie" und "Mukoviszidose" durch, um sich auf das Gespräch mit Knippich vorzubereiten.

Pünktlich um zwei Uhr klopfte er an Knippichs Tür und wurde sogleich hereingebeten. Das war ungewöhnlich. Professoren, die auf sich hielten, ließen ihre Besucher mindestens das akademische Viertel warten, um zu demonstrieren, dass sie überaus beschäftigt waren.

Knippich hatte einige gezielte Fragen zu Jochens medizinischem Werdegang und nickte beifällig, als er die Hiwi-Stelle in der Anatomie und seine Pflegetätigkeit auf der Intensivstation der Chirurgie erwähnte.

"Ich habe schon mitbekommen, dass Sie Ihr Studium ernst nehmen. Ich schlage vor, wir gönnen uns eine gegenseitige Probezeit von zwei Wochen. Dann sehe ich, ob Sie in unser Team passen, und umgekehrt können Sie beurteilen, ob Ihnen die Arbeit gefällt, die ich für Sie vorgesehen habe."

"Einverstanden! Und was meinen Sie, wie lange ich brauche, wenn alles klappt?" stellte Jochen die häufigste Frage aller Doktoranden. Er hatte schon von endlosen Studien gehört, bei denen sich die Doktoranden selbst überlassen waren und dann irgendwann die Flinte ins Korn geworfen hatten.

"Für die praktische Arbeit im Labor kalkuliere ich etwa ein Jahr ein. Wie schnell Sie dann die Dissertation schreiben, liegt an Ihnen. Natürlich können Sie immer mit meiner Unterstützung rechnen. Schließlich liegt mir daran, die Resultate möglichst rasch einem breiten wissenschaftlichen Publikum zugänglich zu machen."

Das hörte sich vernünftig an. Auch die zwei Wochen fürs gegenseitige Beschnuppern fand Jochen in Ordnung. Im ungünstigsten Fall war es ein Stück weitere Lebenserfahrung. Jochen wollte sich schon verabschieden, aber Knippich machte gleich Nägel mit Köpfen:

"Wenn Sie noch eine halbe Stunde Zeit haben, kommen Sie doch gleich mit. Ich schaue kurz auf einer Station vorbei. Dann stelle ich Sie meinen Leuten vor, damit Sie wissen, an wen Sie sich künftig halten müssen, um die Tätigkeit im Labor kennen zu lernen. Übrigens, Sie wissen ja: Alles was Sie jetzt mitbekommen, unterliegt der Schweigepflicht."

"Ja, natürlich."

Knippich schloss sorgfältig seine Tür ab, als sie den Rundgang starteten. Er verband dies mit der Warnung: "Denken Sie daran: Immer die Tür abschließen, wenn Sie im Labor mitarbeiten. Hier im Klinikum klauen sie wie die Raben. Es gibt kein Gerät, was nicht irgend jemand gebrauchen kann oder zu Geld machen möchte. Die Polizei hat extra eine Sonderkommission für die Diebstähle am Klinikum eingerichtet."

Jochen hatte in den Praktika schon davon gehört. Die Diebe nutzten selbst kurze Abwesenheiten in Stationszimmern und Laborräumen, schlugen blitzschnell zu und waren ebenso schnell wieder verschwunden. Wenn sie tatsächlich überrascht wurden, hatten sie gute Ausreden auf Lager. Die Erfolgsquote der Polizei war bisher gering.

Knippich nahm Jochen mit auf die Station Koch, auf der die meisten Krankheiten mit Magen-Darm-Erkrankungen lagen. Er steuerte gleich auf das Stationszimmer zu, dessen Tür halb offen stand. Hier war ein ständiges Kommen und Gehen.

"Hallo, Schwester Sylvia", begrüßte er die Stationsschwester freundlich, "Das ist Herr Haller, ein neuer Doktorand. Der wird hier auf Station immer mal auftauchen, um mit den Mukoviszidose-Patienten Kontakt aufzunehmen und sie kennen zu lernen."

"Jochen Haller", stellte er sich auch selbst vor und gab Schwester Sylvia die Hand. Sie machte einen energischen und kompetenten Eindruck. Es war wichtig, ihr zu vermitteln, dass er sie respektierte. Er wusste, wie wichtig eine ihm wohl gesonnene Stationsschwester mit ihrem guten Draht zu den Patienten war.

"Übrigens, ich habe gehört, Jasmin ist obduziert worden. Wir hatten doch im Krankenblatt vermerkt, dass die Eltern dies nicht wünschten. Wie konnte denn das passieren? Ich war leider auf einer Tagung unterwegs und konnte mich bisher nicht darum kümmern." Das war ein Manko seiner wissenschaftlichen Ambitionen. Er war immer mal wieder ein paar Tage unterwegs. Wenn er abreiste, hatte er stets das Gefühl, seine Patienten im Stich zu lassen. Und auf der Rückreise war er voll Sorge, ob wieder etwas schief gegangen war. Andererseits musste er wissenschaftlich auf dem neusten Stand bleiben. Davon profitierten langfristig auch die Patienten. Einen Ausweg aus diesem Dilemma gab es nicht. Damit musste er leben.

"Ja, ist das nicht schrecklich?" empörte sie sich und gab damit zu erkennen, dass sie ganz auf Seiten der Familie stand. Das brachte ihr in Jochens Augen gleich weitere Pluspunkte. "Der Vater war schon hier und hat einen Riesenwirbel veranstaltet."

"Und wie hat sich der Kollege Knierim geäußert? Das ist doch ein erfahrener Mann."

"Na ja, der konnte gar nichts dafür. Schuld war der neue Assistenzarzt der Neuropädiatrie, vielleicht kennen Sie ihn, Dr. Simmerling. Scheint noch sehr unerfahren zu sein. Der hatte Nachtdienst, als Jasmin in der Nacht vom Pfingstsamstag zum Sonntag starb. Leider war – wie oft an Wochenenden und Feiertagen – sehr viel los. Da hat Dr. Simmerling sich nicht anders zu helfen gewusst und hat Jasmin auf die Intensivstation verlegt, obwohl wir uns mit Händen und Füßen dagegen gewehrt haben. Wir hätten Jasmin gern bei uns behalten. Auf Intensiv ist sie dann sogar noch intubiert worden, als sie einen Atemstillstand hatte. Die haben doch tatsächlich noch eine Viertelstunde versucht, sie zu reanimieren." Ihrem Gesichtsausdruck war unschwer zu entnehmen, was sie davon hielt.

"Und wo war Dr. Knierim?" fragte Knippich, wobei seinem Gesichtsausdruck zu entnehmen war, dass er Schwester Sylvias Einschätzung teilte. "Der hätte das doch verhindern können."

"Dr. Knierim war auf einem runden Geburtstag in der Verwandtschaft. Aber er ist dann um halb drei in der Nacht extra noch hereingekommen. Er hat sich rührend um die Eltern gekümmert, während ein Kollege von Intensiv die Papiere fertig gemacht hat. Der hat wahrscheinlich in der Eile die Krankenakte nicht gründlich genug durchgesehen und versäumt, den entsprechenden Vermerk für den Pathologen zu machen."

"Dann ist ja alles schief gegangen, was schief gehen konnte", ärgerte sich Knippich.

"Ja, wir hatten zu der Familie so ein gutes Vertrauensverhältnis. Das ist jetzt alles zunichte gemacht", klagte die Stationsschwester.

"Den Simmerling nehme ich mir noch vor. Ich kenne Jasmins Vater gut. Für den war sie sein Ein und Alles, seine Prinzessin. Ich kann gut nachfühlen, was in ihm vorgegangen ist."

"Ich auch. Er war auch gar nicht mehr zu beruhigen und ist dann, auf alles und jeden wütend, abgerauscht. Ich weiß nicht, was passiert wäre, wenn er eine Waffe gehabt hätte. So stelle ich mir Amokläufer vor", schilderte Schwester Sylvia die Situation eindrucksvoll.

"Ja, der hat ein ganz schönes Temperament. Das traut man ihm gar nicht zu, wenn man den kleinen unscheinbaren Mann sieht."

Knippich und Jochen gingen weiter zum Gastroenterologie-Labor.

"Das ist Iris Wölfing, die Seele des Labors. Hallo, Iris, Herr Haller wird die Nachfolge von Herrn Hasenfeld antreten, der die Flinte ins Korn geworfen hat. Natürlich nur, wenn ihr miteinander gut auskommt."

Es überraschte Jochen positiv, wie formlos er hier eingeführt wurde. Vor allem hätte er nicht erwartet, dass Knippich sich mit seiner MTA duzen würde.

Knippich konnte offenbar seine Gedanken lesen und beantwortete seine unausgesprochene Frage.

"Wir kennen uns schon sehr lange. Die gemeinsame Arbeit bei den Darmspiegelungen und manche kritische Situation, die wir zusammen gemeistert haben, haben uns zusammengeschweißt."

Iris erhielt von Knippich den Auftrag, Jochen in den nächsten zwei Wochen unter ihre Fittiche zu nehmen.

"Die Gewebsproben für die Messungen erhalten wir durch eigene Gewebsentnahmen bei unseren Darmspiegelungen, aus der Chirurgie, wenn die Kollegen bei Darmoperationen an uns denken, und gelegentlich aus der Pathologie. Leider willigen immer weniger Angehörige in die Obduktion ein. Das liegt auch daran, dass es den meisten Ärzten, auch mir selbst, schwer fällt, mit den Angehörigen in einer besonders sensiblen Situation darüber zu sprechen. Trotzdem raffe ich mich immer wieder dazu auf, weil wir in der Forschung weiter kommen müssen, um den Patienten auf lange Sicht besser helfen zu können."

Nach dieser kurzen Einführung verabschiedete sich Knippich.

Jochen verabredete sich mit der MTA für den folgenden Nachmittag zu seiner ersten Lektion und machte sich auf zum Training.

Da er noch ein paar Minuten Zeit hatte, erkundigte er sich bei Rückert nach dem Stand der Dinge.

"Es sieht eher nicht so aus, als käme Friedel in Frage. Aber wir werden ihm morgen noch einmal auf den Zahn fühlen."

"Gut, ich fahr jetzt erst mal zum Rudertraining."

"Und wir machen uns auf dem Weg zu eurem Dekan. Da gab es so ein komisches Telefongespräch, als Friedel bei Melzing war."

"Lasst euch nur nicht durch sein Theater beeindrucken. Der ist Politiker durch und durch. Seine Sprechblasen sind berühmt, gefüllt mit Halbwahrheiten und Versprechungen, die er nie einlöst. Wenn man daran rührt, platzen sie wie Seifenblasen", warnte Jochen sie vor.

Kapitel 11

Dekan Professor Scheffer war klein, energiegeladen und hoch konzentriert. Selbstbewusst empfing er die beiden Kommissare im blütenweißen, bis auf den obersten Knopf geschlossenen Chefarztkittel, so dass man den perfekt gebundenen Knoten seines weiß-schwarz gestreiften Schlipses gerade noch würdigen konnte. Von Hause aus war er Mikrobiologe. Er war vor allem mit der Labordiagnostik von Bakterien und Viren vertraut, und hatte mit Patienten nichts am Hut. Aber er hatte herausgefunden, dass es viele Besucher beeindruckte, wenn er den erfahrenen Kliniker mimte.

Die Kripobeamten ließ das kalt. Berner dachte nur mit Schrecken daran, wie er sich fühlen würde, wenn er dauernd mit Schlips herumlaufen müsste. Das würde bei ihm zu einem gewaltigen Blutstau im Gehirn führen und unweigerlich die Denkfähigkeit einschränken! Aber vielleicht brauchte man als Dekan nicht mehr so viel zu denken.

Rückert hielt sich nicht lange mit Höflichkeitsfloskeln auf. "Sie hatten gestern ein Telefongespräch mit Herrn Professor Melzing, bevor er zu Tode kam. Könnten Sie uns kurz über den Inhalt informieren?" fragte er unverblümt.

Dem Dekan schien heiß zu werden. Während er über eine geeignete Antwort nachdachte, knöpfte er unbewusst die nächsten Knöpfe seines Kittels auf und steckte die rechte Hand in den entstandenen Schlitz. Vielleicht war die berühmte Geste Napoleons auch in einer Situation zustande gekommen, in der dieser unter Druck stand. Rückert war eher belustigt als beeindruckt.

"Wir haben uns über vieles unterhalten, vor allem, was die Zukunft des Fachbereichs Humanmedizin angeht", gab er diplomatisch von sich.

"Dafür war das Gespräch aber recht kurz", gab Rückert zu bedenken und ließ erkennen, dass er nicht ganz ahnungslos war.

Der Dekan musste nun damit rechnen, dass Melzing sich seiner Sekretärin anvertraut hatte.

"Also gut", legte er die Karten auf den Tisch. "Ich hatte Professor Melzing gebeten, sich bei der anstehenden Dekanatswahl für mich einzusetzen. Gilt das inzwischen als Straftat?"

"Und wie hat er darauf reagiert?" Rückert ließ sich nicht beirren.

"Ehrlich gesagt, er war nicht davon begeistert. Wir haben in manchen Punkten sehr unterschiedliche Auffassungen", gestand der Dekan, der seine Napoleonpose aufgegeben hatte und inzwischen nervös mit der Rechten auf der Schreibtischunterlage aus Leder herum trommelte.

"Ja, wir haben von der Sekretärin gehört, dass er etwas unwirsch reagiert hat." Rückert zeigte ihm mit diesem Schuss vor den Bug, dass er nicht mit sich spaßen ließ.

"Übrigens: Darf ich fragen, wie weit die Kompetenzen eines Dekans reichen? Ist das mehr ein repräsentatives Amt wie das des Bundespräsidenten oder sind damit weit gehende Befugnisse verbunden wie beim Bundeskanzler? Wir können uns als Kripobeamte nicht so richtig etwas darunter vorstellen."

"Na ja, im Fachbereichsrat hat er etwa so viel Einfluss wie der Bundeskanzler im Kabinett."

"Also auch Richtlinienkompetenz?"

"So ähnlich", bestätigte der Dekan mit einer Spur Stolz in der Stimme.

"Und wie hoch ist das Jahresbudget, über das entschieden wird?" schaltete sich Berner ein, der sich besonders für die finanziellen Aspekte interessierte.

"Ungefähr 150 Millionen Euro."

"Also nicht gerade ein Pappenstil. Vielen Dank. Das wär es erst einmal für heute. Könnte sein, dass wir uns noch einmal bei Ihnen melden."

Scheffer machte kein begeistertes Gesicht.

Vor dem Dekanat hielten Rückert und Berner kurz Kriegsrat.

"Da ist doch noch mehr im Busch, Olli. Oder was meinst du?" fragte Rückert.

"Ist gut möglich. Und nun?"

"Wir gehen noch einmal zurück in die Pathologie. Die Sekretärin müsste eigentlich noch da sein."

Vor der Pathologie stand ausnahmsweise kein Leichenwagen, sondern der Transporter eines Teppichgeschäfts Özdemir aus Cappel, einem Stadtteil im Süden von Marburg. Als sie vor der Tür des Sekretariats verhielten, um anzuklopfen, hörten sie die aufgebrachte Stimme der Sekretärin. "Und nehmen Sie das verdammte Ding gleich mit. Das hat uns nur Unglück gebracht."

Sie betraten unaufgefordert das Sekretariat und sahen, wie sich ein junger Mann in grauem Kittel an dem Perserteppich im Arbeitsraum des ermordeten Chefs zu schaffen machte, während die Sekretärin verstohlen eine Träne aus den Augen wischte, bevor sie sich zu den Besuchern umdrehte. Ihr Lidstrich war leicht lädiert. Heute trug sie – dem traurigen Anlass angemessen – einen dunkelblauen Hosenanzug aus Samt.

"Was hat Ihnen Unglück gebracht?" fragte Rückert und gab damit zu erkennen, dass sie einen Teil der Unterhaltung mitbekommen hatten.

"Dieser Perserteppich da drin. Der gehört gar nicht hierher. Der ist vorgestern unaufgefordert geliefert worden. Auf dem

Lieferschein war nur vermerkt: 'Professor Melzing, Dauer-leihgabe'. Er hat mir ganz gut gefallen. Da habe ich ihn gleich auslegen lassen."

"Und was hat Ihr Chef dazu gesagt?"

"Ihm war das gar nicht recht. Der hat nur gesagt: Dem ist anscheinend jedes Mittel recht. Morgen lassen wir das Ding gleich wieder abholen. – Aber dann kam so viel dazwischen, dass ich erst heute Morgen daran gedacht habe, anzurufen. Er holt ihn gerade ab." Sie deutete nach nebenan.

"Und können Sie sich vorstellen, wer dahinter steckt?" fragte Berner.

"Oh je, da kommen viele in Frage: Bestattungsunterneh-men, Hersteller von Elektronenmikroskopen und anderen teuren Geräten, vielleicht aber auch der Dekan. Da war ja dieser komische Telefonanruf des Dekans, von dem ich Ih-nen berichtet habe, als Herr Friedel hier war. Und der da", sie wies mit einer Handbewegung auf den Graukittel, "hat keine Ahnung. Er wusste nur, dass er den Teppich abholen soll. Der versteht kaum Deutsch, kommt angeblich gerade aus der Türkei", ein verächtlicher Blick traf den Angestellten, der den zusammengerollten Teppich schulterte. "Soll ich Sie mal mit dem Teppichgeschäft verbinden?"

"Das wäre uns eine große Hilfe", nahm Rückert das Ange-bot sofort an.

Die Hoffnung auf eine schnelle Klärung hatte er aufgege-ben. Jede zusätzliche Information konnte von Bedeutung sein.

Frau Hainbuch bekam immerhin heraus, dass Auftraggeber für die Teppichlieferungen der Seniorchef des Geschäfts war. Und der war momentan nicht zu erreichen.

"Da kann man nichts machen", meinte Rückert enttäuscht. "Wir versuchen's später selbst noch mal oder fahren direkt hin. Vielen Dank für Ihre Hilfe. Falls Ihnen noch etwas einfällt, melden Sie sich bitte bei uns. Übrigens waren wir vorhin bei Herrn Friedel. Stimmt das, dass Ihr Chef einen Vermerk in Friedels Zeugnis gemacht hat?"

"Darum habe ich mich bis jetzt noch gar nicht kümmern können. Das müsste auf dem Stapel der unerledigten Vorgänge liegen. Schau'n wir mal." Sie ging voraus und blätterte gezielt einen Stoß Papiere auf dem Schreibtisch ihres ermordeten Chefs durch. "Ich hab's", sagte sie triumphierend.

"Und – was steht drauf, können Sie das entziffern?", fragte Rückert gespannt.

"Tatsächlich. Hier an der Stelle des Zeugnisses, wo er eine Unregelmäßigkeit beanstandet, ist am Rande mit Bleistift notiert 'entschärfen'. Sonst kann ich nichts sehen."

"Das genügt uns schon. Vielen Dank. Damit haben Sie Friedel und uns sehr geholfen."

Kapitel 12

"Was nun?" fragte Berner lustlos.

"Schau'n wir doch noch schnell in der Orthopädie vorbei." Rückert ließ sich durch kleine Rückschläge nicht aus der Spur bringen.

Auf dem Weg dorthin sahen sie den Lieferwagen des Teppichgeschäfts Özdemir vor dem riesigen Klinikkomplex halten.

"Halt mal an, Olli. Das interessiert mich. Was will er denn hier?" Er folgte dem Fahrer, der am Empfangstresen einen Zettel aus der Tasche holte und der jungen Dame hinhielt. Sie telefonierte kurz und wies ihm mit der Hand den Weg zum Fahrstuhl. Mit drei nach oben gestreckten Fingern signalisierte sie ihm, dass er bis zur Ebene III fahren müsse. Daraufhin kehrte der Mann zum Lastwagen zurück, holte den Teppich heraus, den er gerade in der Pathologie abgeholt hatte, und ging wieder in Richtung Chirurgie.

"Wo will er denn mit dem Teppich hin?" fragte Rückert die Empfangsdame und zeigte seinen Ausweis.

"In die Herzchirurgie."

Rückert eilte zurück zu seinem Kollegen. "Wer immer dahinter steckt, er verliert keine Zeit. Er hofft offenbar, dass der Chef der Herzchirurgie, Professor Wolters, für kleine Geschenke empfänglicher ist als Melzing."

In der Orthopädie hatten sie Glück. Dr. Kiefer hatte seine Eingriffe bereits hinter sich und diktierte gerade die kurzen OP-Berichte. Eine Unterbrechung schien ihm nicht ungelegen zu kommen. Dass sich die Kripo für ihn interessierte, fand er allerdings weniger schön.

"Natürlich habe ich mich über die Vorwürfe aus der Pathologie nicht gerade gefreut. Aber auch Professor Melzing weiß – wusste", verbesserte er sich rasch, "dass sich Infektionen nicht immer vermeiden lassen. Dass Patienten an einer Sepsis sterben können, gerade auf einer Intensivstation, ist allgemein bekannt. Schließlich sind wir in einer Klinik, nicht in einem Hotel. Wo gehobelt wird, fallen Späne. Das Gutachten, das Melzing in Arbeit hatte, war zwar lästig, hätte aber meine berufliche Karriere nicht tangiert. Alles nur haltlose Mutmaßungen, keine Beweise", nahm er frostig Stellung. Auf ein Wort des Bedauerns über den verstorbenen Patienten, um den es ging, warteten Rückert und Berner vergebens.

"Spielen Sie eigentlich Golf?" fragte Berner abschließend.

"Ich habe auf Drängen meines Chefs, mit dem ich auch privat Kontakt habe, mal einen Schnupperkurs mitgemacht. Aber das ist viel zu Zeit raubend und anstrengend für mich. Sport ist Mord."

"Entweder er ist ein großartiger Schauspieler oder er ist wirklich so cool. Der lässt nichts an sich ran. Eine Tat im Affekt traue ich dem nicht zu", urteilte Berner.

"Ich habe schon Pferde kotzen sehen", äußerte sich Rückert zurückhaltender. "Er ist zwar ein gefühlloses Scheusal, aber natürlich macht ihn das nicht automatisch zum Verbrecher. Ich würde ihm auch eher einen sorgfältig vorbereiteten Giftmord zutrauen als so eine spontane Tat. Aber ausschließen möchte ich zum jetzigen Zeitpunkt noch gar nichts. Wen haben wir noch auf der Liste?"

"Eigentlich niemanden so richtig. Wir bräuchten noch eine zündende Idee."

"Also gut, machen wir noch einen Versuch beim Teppichgeschäft." Die Telefonnummer hatte ihnen die Sekretärin von Melzing bereitwillig überlassen. Aber sie mussten sich weiter gedulden. Der Seniorchef war – wie ihnen von der Sekretärin stolz und wortreich berichtet wurde – am Abend zu einem Wohltätigkeitsdinner eingeladen, bei dem Spenden für die Marburger Hochschulgesellschaft eingeworben werden sollten. Er wurde heute nicht mehr im Geschäft erwartet.

"Machen wir erst einmal Schluss für heute", entschied Rückert. Ich treffe mich heute Abend um acht mit Jochen in der Brasserie, und du kümmerst dich mal um deine Familie. Könntest du morgen früh gleich in der Pathologie weitermachen? Ich befürchte, wir müssen systematisch das ganze Personal befragen, von den Ärzten bis zur Putzkolonne. Ich komme dir dann nach der Morgenbesprechung zu Hilfe."

*

Rückert fuhr ins Polizeipräsidium, genehmigte sich auf die Schnelle einen Pulver-Capuccino und schaute die letzten Berichte der Spurensicherung durch.

Im Arbeitszimmer des Pathologen gab es eine Reihe von Fingerabdrücken, auch auf dem Golfschläger, der auf dem Boden neben dem Schreibtisch gelegen hatte. Das war eigenartig. War der Täter wirklich so kopflos gewesen, dass er gar nicht daran gedacht hatte, die Spuren zu beseitigen?

Die Golfschläger waren jetzt in der Rechtsmedizin in Gießen, wo sie mit der Schädelwunde des getöteten Melzing verglichen werden sollten, und wurden erst am Montag zurückerwartet.

Es gab noch einige offene Fragen. Zunächst mussten möglichst viele Fingerabdrücke identifiziert werden, damit man eine Übersicht über den Kreis der Verdächtigen bekam. Am besten schickte er morgen den Körner von der Spusi mit in die Pathologie. Der konnte Berner helfen und bei dem ganzen Personal die Fingerabdrücke sichern, während Berner nach Hinweisen auf den Täter suchte.

Anschließend widmete er sich mit voller Konzentration dem liegen gebliebenen Schreibkram, bis es Zeit war für das Treffen in der Brasserie mit Jochen.

Kapitel 13

Jochen hatte sich wegen seiner Niederlage bei der Regatta auf ein Donnerwetter seines Trainers eingestellt. Aber Langer, der sonst keine Gelegenheit ausließ, seine Schützlinge zu fordern und aktivieren, hatte heute ganz andere Dinge im Kopf.

"Jochen, Sie studieren doch Medizin?" vergewisserte er sich. Er legte Wert auf Distanz zu den von ihm betreuten Sportlern und siezte sie.

"Ja, das ist ja auch der Grund, weshalb ich bei der Regatta nicht so gut in Form war", begann Jochen entschuldigend.

"Schon gut, es gibt ja auch Wichtigeres." Einen Moment kämpfte er mit sich, ob er seinen Schützling mit seinen Problemen behelligen sollte. Seine Autorität konnte darunter leiden. Aber dann gewann doch das Gefühl, auf Hilfe angewiesen zu sein, die Oberhand über seine Bedenken.

"Sie wissen ja, am Pfingstwochenende war ich bei meinen Eltern in Nieder-Ohmen im Vogelsberg. Die waren fix und fertig, weil ein Kind aus der Nachbarschaft gestorben war. Mit neun Jahren! Können Sie sich das vorstellen?"

"Das ist ja schrecklich", sagte Jochen überrascht, wie betroffen sein Trainer war. "Ein Unfall?"

"Nein, eine schwere Erbkrankheit, Mukoviszidose. Sie haben wahrscheinlich schon davon gehört." Jochen nickte nur und unterbrach seinen Trainer nicht. Er war sonst eher wortkarg, aber heute hatte er offenbar das Bedürfnis, sich auszusprechen. Der Tod des Mädchens schien ihm wirklich nahe zu gehen.

"Ich habe die kleine Jasmin nur flüchtig gekannt. Sie war vor einem Jahr mit ihren Eltern beim 60. Geburtstag meiner Mutter. Da war sie acht, sah aber aus wie vier. Sie hatte eine

Nasensonde, über die sie ständig Sauerstoff aus einem Gasbehälter bekam. Der passte gerade in einen Puppenwagen, den sie hinter sich her zog. Das sah urkomisch aus. Und was mich besonders beeindruckte: Sie war total vergnügt und genoss es, an diesem Tag im Mittelpunkt zu stehen. Die schwere Krankheit schien ihr gar nichts auszumachen. Jedes der anderen Kindern schaute mal bei ihr vorbei, als wäre sie das Geburtstagskind. Sonst können Kinder ja sehr grausam sein. Aber Jasmin wurde von allen respektiert." Langer sprach mit so großer Anteilnahme, wie Jochen sie ihm nie zugetraut hätte.

Es musste sich um Jasmin Hofmeister handeln, die Jochen in der Pathologie gesehen hatte? Aber er ließ sich nichts anmerken.

"Wir haben den Eltern natürlich unsere Hilfe angeboten, wie sich das im Dorf so gehört. Bei so einem Schicksalsschlag halten alle zusammen. Jasmins Eltern waren zwar darauf gefasst, dass sie demnächst sterben würde. Aber als es dann so weit war, hat es sie doch schwer getroffen. Am schlimmsten war für die Eltern, dass bei dem Mädchen eine Leichenöffnung vorgenommen wurde, obwohl sie sich das verbeten hatten. Der Vater hat uns unter Tränen davon erzählt. Wie kann denn so etwas passieren?" fragte Langer empört.

Jetzt war er nicht mehr Trainer, der Anordnungen gab und Ratschläge erteilte, sondern nur mitfühlender Nachbar. Und er war sich nicht zu schade, Jochen um Rat zu fragen. Das rechnete Jochen ihm hoch an.

"Da muss etwas schief gegangen sein", erklärte Jochen vorsichtig. Außerdem war er ja selbst empört. "Natürlich ist den Pathologen immer daran gelegen, zu obduzieren. Ihre Erkenntnisse sind letztlich im Interesse anderer Patienten, die von einer verbesserten Diagnostik und Behandlung profitieren können. Aus medizinischer Sicht ist das legitim. Und ich glaube, sie haben sogar das Recht auf ihrer Seite. So viel ich weiß, ist eine Leiche juristisch ein Gegenstand, der niemandem gehört. Trotzdem: Es gilt das Persönlichkeitsrecht des oder der Verstorbenen. Die Ablehnung einer Obduktion wird in der Regel respektiert. Der Wunsch muss nur irgendwo sichtbar vermerkt sein und weitergegeben werden. Das ist Aufgabe des Dienst habenden Arztes, der den Totenschein und die anderen Unterlagen für den Transport der Leiche ausfüllt. Er hat das offenbar versäumt."

"Jedenfalls scheint der Vater die Selbstbeherrschung verloren zu haben."

"Wieso, was ist denn passiert?" Jochen war ganz Ohr.

"Herr Hofmeister hat uns erzählt, dass er auf der Station, wo Jasmin betreut worden war, einen Riesenwirbel veranstaltet hat. Anschließend ist er zu dem Professor in die Pathologie gegangen, als sie Jasmin abgeholt haben, und hat ihn beschimpft. Jetzt hat er Angst, dass er dafür zur Rechenschaft gezogen wird."

"Ein Wutausbruch ist doch nicht strafbar, wenn man dabei nicht handgreiflich wird."

"Jedenfalls haben wir alle ihn wegen seines Mutes gelobt. Dass sich jemand mit einem Professor anlegt, passiert ja nicht oft, denke ich."

"Und sonst ist nichts passiert?" fragte Jochen so nachdrücklich, dass ihn Langer verwundert anblickte.

"Was soll denn noch passiert sein? Herr Hofmeister ist dann wütend abgerauscht."

"Melzing ist tot aufgefunden worden, erschlagen mit dem eigenen Golfschläger, wie es scheint." Jochen rückte endlich damit heraus, dass er nicht ganz so unbedarft war, wie er es bisher vorgegeben hatte.

"Oh mein Gott." Langer war so erschüttert, dass er sich nicht in der Lage sah, das Training zu leiten. Er bat Jochen, allein zu trainieren. Er selbst wollte noch am Abend in den Vogelsberg fahren und seine Eltern informieren.

Jochen überlegte, ob er ihn davon abhalten sollte, aber er entschied sich dagegen. Nach allem, was er gehört hatte, war er fest davon überzeugt, dass Jasmins Vater spätestens nach der Beerdigung zur Besinnung kommen und sich der Polizei stellen würde, wenn er tatsächlich in seinem Zorn zugeschlagen hatte. Er selbst war weder offizieller Ermittler noch Richter. So ließ er den Dingen seinen Lauf und beschloss, mit seinem Training zu beginnen.

Mit jedem Ruderschlag ließ er die Probleme des Tages weiter hinter sich. Der frische Fahrtwind war eine Wohltat, und das umfangreiche Programm verlangte seine volle Konzentration. Alles andere wurde verdrängt.

Kapitel 14

In der Brasserie wurde Jochen schon ungeduldig von dem ausgehungerten Rückert erwartet, der am Tresen vor einem Radler saß. Jochen selbst hatte auch einen ganz schönen Kohldampf, obwohl er vor dem Training noch ein paar Hände Studentenfutter mit Nüssen und Rosinen eingeworfen hatte. Er bestellte sich ein Spezi und einen Beilagensalat, um die Wartezeit zu überbrücken.

Um acht Uhr abends war immer Hochbetrieb. Sie konnten von Glück sagen, dass sie vom Tresen an einen Tisch wechseln konnten, weil eine Gruppe von Touristen zu einer Nachtführung durch die Marburger Oberstadt aufbrach. Sie waren gerade mit ihrem im Preis inbegriffenen Imbiss fertig geworden. Diese nächtlichen Führungen waren in Jochens Augen eine hervorragende Idee. Sie hatten den Vorteil, dass sich die Belästigung durch die Touris auf ein Minimum reduzierte.

"Ich glaube, du hattest recht, der Orthopäde scheidet aus", begann Rückert mit seinem Bericht. "Das ist zwar ein Unsympath. Melzing hat ihm wahrscheinlich die Leviten gelesen, hätte ihm aber sonst nicht viel anhaben können."

"Bestimmt nicht," bekräftigte Jochen, "Blutvergiftungen nach Operationen gehören auf Intensivstationen zu den häufigsten Todesursachen. Etwas anders ist die Situation, wenn das falsche Bein operiert oder amputiert wird. Aber selbst das kommt vor und hat – außer für den Betroffenen – keine nennenswerten Folgen. Die Operateure sind ja versichert. Es geht meistens nur um die Höhe der Entschädigung. Wenn ich mir das vorstelle. Ich wäre seinerzeit am falschen Knie operiert worden. Gar nicht auszudenken. Die unnötigen Schmerzen und der Zeitverlust beim Training. Eigentlich ist so etwas mit Geld gar nicht wieder gut zu machen – schade. Nach allem, was ich über den Kiefer gehört habe, hätte ich ihm ein paar Jahre Gefängnis gegönnt."

"Die Freude kann ich dir leider nicht machen. Die Aussagen der Sekretärin und von Friedel, dem gefeuerten MTA, stimmen überein. Melzing lebte noch nach der Auseinandersetzung mit ihm."

"Und was ist mit Friedel selbst?" fragte Jochen.

"Können wir meiner Meinung nach auch abhaken. Er hat inzwischen einen Job als Elektriker gefunden und nach Ollis Einschätzung eine tolle Kaninchenzucht. Der trauert seinem alten Job bestimmt nicht mehr nach. Er wollte Melzing nur zu einem etwas geschönten Zeugnis überreden, und der schien nicht abgeneigt, wie einem Vermerk im Zeugnis zu entnehmen ist. Die Sache mit dem gestohlenen Mikroskop war ja schon aus der Welt geschafft. Gab's bei dir noch was Neues?"

Jochen zögerte kurz. Er war unschlüssig. Sollte er tatsächlich diese wichtige Spur verschweigen. Seine Sympathien waren ganz bei der Familie Hofmeister, die ihre Tochter so früh verloren hatte. Aber in diesem Moment, in dem er so freundschaftlich mit Rückert zusammen saß, fühlte er sich ganz als Teil des Ermittlerteams. Er konnte Rückert einfach nicht belügen. Das wäre mit Sicherheit das Ende seiner inoffiziellen Tätigkeit im Dienste der Kripo gewesen. Es gab nur einen Ausweg. Er musste offen und ehrlich mit Rückert darüber sprechen und hoffen, dass dieser vernünftig reagierte.

"Ja, vielleicht", begann er stockend. Dann berichtete er detailliert, was er von seinem Trainer erfahren hatte. Der erfahrene Kommissar spürte, wie schwer es seinem jungen Mitstreiter fiel, ihm das alles zu erzählen. Er rechnete es ihm hoch an, dass er sich durchgerungen hatte, ihn wahrheitsgemäß zu informieren.

"Also gut", sagte er, "wir haben ja noch genug zu tun. Verfolgen wir alle anderen Spuren, Herr Hofmeister wird kaum das Weite suchen. Wir lassen ihm Zeit bis zum Tag nach der Beerdigung. Kannst du in Erfahrung bringen, wann sie stattfindet?"

"Natürlich. Ich danke dir." Jochen fiel ein Stein vom Herzen. Jetzt konnte er den Kaiserschmarren mit Apfelmus, der ihm gerade serviert wurde, richtig genießen, während Rückert sich seinem Steak mit Ofenkartoffel widmete.

Am Freitagmorgen erfuhr Jochen von Schwester Sylvia, dass Jasmins Beerdigung für Samstagnachmittag vorgesehen war. Er erreichte Jens Rückert noch vor der Morgenbesprechung.

"Dann reicht es, wenn wir Hofmeister am Montag festnehmen", meinte dieser lapidar, "vorausgesetzt der Verdacht gegen ihn lässt sich erhärten."

*

Nach der Morgenbesprechung wartete Friedel schon auf den Kripobeamten, der ihn an seine Sekretärin verwies. "Sie schreibt jetzt alles auf, was Sie mir gestern erzählt haben. Sie brauchen dann nur noch das Ganze durchzulesen und zu unterschreiben." Rückert wandte sich schon ab, um seinen Berner in der Pathologie zu unterstützen.

"Herr Kommissar!"

"Ist noch was?" Rückert drehte den Kopf Richtung Friedel.

"Danke, auch von meiner Frau."

"Schon gut. Und machen Sie ihr keinen Kummer mehr!"

"Da können Sie Gift drauf nehmen", beteuerte Friedel.

"Übrigens ist mir gerade noch etwas eingefallen. Ich weiß aber nicht, ob es von Bedeutung ist."

Rückert kehrte um und bat ihn mit einer Handbewegung auf dem Stuhl vor seinem Schreibtisch Platz zu nehmen. Er selbst nahm auf der Schreibtischkante Platz.

"Schießen Sie los", forderte ihn Rückert auf.

"Als ich die Pathologie verließ, kam gerade ein schwarzer VW-Kombi von einem Bestattungsunternehmen an."

"Wissen Sie noch, woher der war?"

"Nicht so genau. Ich weiß nur noch, dass der Wagen ein Kennzeichen aus dem Vogelsbergkreis hatte, VB, 'Vereinigte Bergdörfer', wie wir Marburger sagen."

"Haben Sie gesehen, wer drin sass?"

"Nee, da habe ich nicht drauf geachtet. Aber der Beifahrer stieg gerade aus, ein schmächtiges ganz in Schwarz gekleidetes Männchen mit Hut."

"Und haben Sie gesehen, wohin er gegangen ist?"

"Nee, ich war ja so froh, dass ich von Professor Melzing so gnädig behandelt wurde. Deshalb habe ich mein Handy rausgeholt, um meiner Frau so schnell wie möglich mitzuteilen, dass sie sich keine Sorgen machen muss."

"Verstehe, jedenfalls vielen Dank. Ich glaube, Sie haben uns weiter geholfen. Es dürfte nicht schwer sein, das Bestattungsunternehmen herauszubekommen."

Oh je! Das würde Jochen nicht gerade freuen. Alles wies auf Jasmins Vater hin.

"Ach, beinahe hätte ich das ganz vergessen", Friedel unterbrach seine Gedanken und holte etwas aus seiner Aktentasche, die er unter dem Arm hielt. "Einen schönen Gruß noch von meiner Frau. Die hätte mich ganz schön zur Minna gemacht, wenn ich das wieder mit nach Hause gebracht hätte", sagte er, verlegen lächelnd, und hielt ihm ein Päckchen vom

Format eines großen Bildbandes hin. „Ein bisschen Butterlochkuchen. Meine Frau hat mir erzählt, dass er Ihnen und Ihrem Kollegen so gut geschmeckt hat. Sie war froh, dass alles so gut abgegangen ist."

"Wollen Sie mich bestechen?", grinste Rückert ihn freundlich an. "Na, ich denke, es wird mich deswegen niemand anzeigen, vor allem, wenn ich den anderen etwas davon abgebe und sie zu Mittätern mache."

*

Auf dem Weg zur Pathologie schaute Rückert in Cappel bei dem Teppichgeschäft Özdemir vorbei. Da war nicht nur ein imposantes vierstöckiges Gebäude, von denen die zwei unteren Stockwerke für Büro- und Ausstellungsräume reserviert waren. Die beiden oberen Stockwerke dienten der Familie Özdemir als Wohnung. Daneben stand eine riesige Lagerhalle für Teppiche und eine Halle für Fahrzeuge, die zum Teil auch im Andienungshof standen und be- oder entladen wurden. Es herrschte emsiges Treiben. Und alles machte einen gepflegten Eindruck. Offenbar ein blühendes Unternehmen.

Rückert hatte Erkundigungen eingezogen. Der Seniorchef war zwar schon siebzig, aber immer noch sehr umtriebig und wegen seiner langjährigen guten Kontakte zur Geschäftswelt und zur besseren Gesellschaft Marburgs die Seele des Geschäfts.

Ein Angestellter führte ihn ins Büro des alten Özdemir, der gleich darauf erschien und ihn überschwanglich wie einen alten Bekannten begrüßte.

"Herr Hauptkommissar, welche Ehre, Sie bei uns begrüßen zu dürfen. Ich habe schon gehört, dass Sie mich sprechen möchten", er sprach vorzüglich Deutsch, allerdings mit einem deutlichen türkischen Akzent. "Trinken Sie einen Mokka mit mir?"

"Gern", nahm Rückert die Einladung höflich an. Er raffte sich sogar auf, etwas von dem zuckersüßen, von Honig triefendem Gebäck zu nehmen, das angeboten wurde. Er hätte daran denken sollen, Olli Berner hierher zu beordern. Der hätte das süße Zeug besser würdigen können als er.

"Ausgezeichnet!" lobte er und meinte damit vor allem den starken Mokka, der ihm aus einem langstieligen Kännchen eingeschenkt worden war. Er war wunderbar schaumig und umschmeichelte seidig die Zunge. Am Schluss kam ein leichter Geschmack nach feinherber Schokolade durch. Perfekt.

Sein Gastgeber strahlte, dass er offensichtlich einen Mokka-Kenner vor sich hatte. So einfach war es, einen Draht zueinander zu finden.

"Sehr freundlich. Die Deutschen bevorzugen normalerweise eher einen italienischen Espresso. Aber Sie sind sicher nicht gekommen, um mit mir über Mokka zu plaudern. Brauchen Sie einen Teppich?"

"Nein, nein. Ich bin Junggeselle. Da ist man auf diesen Luxus nicht angewiesen."

"Sagen Sie das nicht. Auch wenn man nicht verheiratet ist, kann man es sich gemütlich machen. Und Sie werden ja auch einmal eine Frau zu Besuch haben."

"Nur selten. Die Arbeit lässt mir wenig Zeit für so etwas. Verbrecherjagd, nächtlicher Bereitschaftsdienst und so weiter. Ich kann mir keine Frau vorstellen, die das alles auf Dauer mitmacht."

"Die deutschen Frauen sind zu anspruchsvoll. Sie wollen sich alle nur selbst verwirklichen. Am besten Beruf und Kind gleichzeitig, die Männer sind unwichtig geworden. Soll ich Ihnen eine hübsche anschmiegsame Türkin mit Familiensinn vermitteln? Ich habe eine große Verwandtschaft. Da findet sich bestimmt etwas für Sie."

Herr Özdemir war in seinem Element. Wenn schon kein Teppich, dann eben eine Frau. Irgend etwas ging immer.

Lachend wehrte Rückert ab: "Nein, danke. Ich komme schon zurecht." Er beendete das Geplänkel, das keiner von beiden ernst nahm, und kam zur Sache: "Wie Sie sich denken können, bin ich aus einem besonderen Grunde hier."

"Ja, ich war schon gespannt, was die Kriminalpolizei von mir will", bekannte Özdemir.

"Nun, es geht nur um eine kurze Frage. Wir sind gestern in der Pathologie einem Ihrer Fahrer begegnet, der einen Teppich bei Professor Melzing abgeholt hat."

"Das muss einer meiner Söhne gewesen sein. Ja, der hat wohl einen irrtümlich in der Pathologie abgegebenen Teppich abgeholt", sagte er leichthin.

"Ach, ein Sohn von Ihnen. Und er spricht kaum Deutsch? Angeblich konnte er sich kaum verständlich machen."

Özdemir lachte: "Der ist in Deutschland geboren. Er spricht perfekt Deutsch. Aber wenn es ihm in den Kram passt, zieht er seine Django-Asül-Nummer durch. 'Ich nix Deutsch'. Dann wird er meist nicht mehr behelligt."

"Und die Sekretärin ist darauf reingefallen. Übrigens hat sie uns die Situation etwas anders dargestellt. Der Teppich wurde bei ihr am Tag vorher abgeliefert, ohne dass er bestellt war", wandte Rückert ein und zeigte Özdemir damit, dass er sich von dem Ablenkungsmanöver nicht einlullen ließ.

"Also gut. Ich will offen zu Ihnen sein. Es war wohl ein Missverständnis. Ein Bekannter dachte, er könne Professor Melzing damit eine Freude machen", druckste der Teppichhändler herum, weit davon entfernt, seine Karten auf den Tisch zu legen.

"Das war nicht zufällig Professor Scheffer?"

Rückerts Sekretärin hatte nicht lange gebraucht, um herauszubekommen, dass Özdemir und der Dekan des Fachbereichs Humanmedizin über die Deutsch-Türkische Gesellschaft seit langem enge Kontakte pflegten.

Özdemir zuckte zusammen.

"Wie kommen Sie darauf?"

"Professor Melzings Sekretärin hat so etwas durchblicken lassen", wagte Rückert einen Bluff, der nicht weit von der Wahrheit weg war.

Özdemir hob die Hände. Er sah ein, da war nichts mehr zu retten. "Ja, stimmt schon. Professor Scheffer hat ihn wohl nicht richtig eingeschätzt. – Also, es ging eigentlich um nichts Besonderes. Professor Scheffer hat mich kürzlich kontaktiert, weil er etwas Rückenwind bei der bevorstehenden Dekanswahl braucht. Wir kennen uns seit langem sehr gut. Daher habe ich ihm vorgeschlagen, mir eine Liste der Professoren zu überlassen, denen er eine kleine Freude bereiten wollte. Nach dieser Liste habe ich ein paar Teppiche verteilen lassen."

"Und der Pathologe war nicht davon erbaut?"

"Professor Melzing tat ganz entrüstet und hat dem Dekan Bestechung vorgeworfen. Dabei war es nur eine kleine freundliche Geste. Ihr Deutschen seid schon ein komisches Volk. In der Türkei ist das selbstverständlich. Eine Hand wäscht die andere. Und unter deutschen Geschäftsleuten gehört ein kleines Geschenk längst auch zum guten Ton. Warum wird das an der Universität verboten? Alle Beteiligten profitieren doch davon. Geschäft ist Geschäft."

Der bisher so gelassene und zuvorkommende Özdemir ereiferte sich. Die Deutschen mit ihrem Hang zum Vortäuschen von Redlichkeit waren ihm ein Rätsel.

Rückert nahm ihm ab, dass er nichts Außergewöhnliches in einem Wahlgeschenk sah. Aber wenn das an die Öffentlichkeit gelangte, war der Ruf des Dekans für immer beschädigt.

War das ein Mordmotiv? Und würde sein türkischer Gönner so weit gehen, für ihn einen Killer anzuheuern?

Er war gespannt, dazu Jochens Meinung zu hören. Wozu hatte man seine Experten. Er verabschiedete sich von seinem Gastgeber und rief Jochen auf dem Weg zu seinem Wagen an. Rückert erwischte ihn gerade in einer Pause zwischen zwei Vorlesungen.

"Hallo, Jochen. Na, wieder fleißig beim Studieren? Hast du eine Minute?"

"Ja, klar."

Rückert schilderte ihm die Bestechungsaktion des Dekans und fragte ihn nach seiner Meinung. Er hörte erst einmal nichts: "Bist du noch dran?" vergewisserte er sich.

Dann hörte er ein explosionsartiges Prusten, so dass Rückert sein Handy auf Abstand halten musste, um sein Trommelfell zu schonen. Er musste warten, bis Jochen sich beruhigt hatte und wieder sprechen konnte.

"Das ist die Lösung. Jetzt weiß ich auch, woher der Chef der Gynäkologie seinen Perserteppich hat." Jochen berichtete von seiner Beobachtung. "Die Welt ist für mich wieder in Ordnung. Ich dachte schon, das sei billige Massenware."

"Bestimmt nicht! Das ist Wahlkampf auf höchstem finanziellen Niveau. Da hat sich Özdemir sicher nicht lumpen lassen. Der weiß genau, wo er etwas investieren muss. Übrigens – wenn du Lust hast, kannst du dem Chef der Herzchirurgie einen Besuch abstatten. Da findest du mit Sicherheit den Teppich wieder, den du vorgestern in Melzings Arbeitszimmer gesehen hast."

"Ist nicht wahr. Ich hätte nie gedacht, dass die Bestechung so weite Kreise zieht."

"Und was meinst du? Kommt der Dekan als Mörder oder Auftraggeber für einen Mord in Frage?"

"Also, der Scheffer ist zwar ein Schlitzohr, dem fast jedes Mittel recht ist, an der Macht zu bleiben, aber einen Mord würde er sicher nicht riskieren. Und die Gefahr, dass Melzing diese Machenschaften an die große Glocke hängen würde, war meiner Meinung nach sowieso gering. Der gesamte Fachbereich hätte ja Schaden genommen. Das wäre nicht in Melzings Interesse gewesen. Dazu war er zu konservativ."

Rückert stimmte ihm zu. "Ja, sehe ich auch so. Also dann: Bis später. Ich muss jetzt dringend in die Pathologie, dem Olli unter die Arme greifen. Der wird sich schon fragen, wo ich so lange bleibe."

Kapitel 15

Er rechnete schon damit, von Olli wegen seines verspäteten Eintreffens ausgeschimpft zu werden. Aber weit gefehlt. Nicht mal ein genervter oder anklagender Blick. Frau Hainbuch, die Sekretärin, hatte Berner und Körner das Arbeitszimmer von Melzing zur Verfügung gestellt, das inzwischen von der Spusi freigegeben worden war. Berner residierte am Schreibtisch wie ein Pascha und ließ sich von Frau Hainbuch die Mitarbeiter des Hauses, einen nach dem anderen, zuführen. Körner erledigte seinen Teil in der Sitzecke und verglich umgehend die Fingerabdrücke mit denen, die seine Kollegen von der Spusi auf dem Golfschläger, auf dem Schreibtisch und überall sonst im Arbeitszimmer gesichert hatten.

"Frau Hainbuch ist wirklich eine Perle. Stell' dir vor, sie hat lange als Model gearbeitet und danach erst eine Umschulung zur Sekretärin gemacht. Ein wahres Organisationstalent. Ohne ihre Hilfe wären wir längst noch nicht so weit", lobte er sie.

Offenbar hatten sie bei aller Arbeit auch ein paar private Worte gewechselt. Rückert spürte einen Anflug von Neid.

Frau Hainbuch schien durch den ganzen Trubel wie ausgewechselt. Es tat ihr gut, aktiv zu sein. Von der Trauer um ihren Chef war ihr momentan nichts mehr anzumerken.

"Hätten Sie einen Teller hierfür?" wandte Rückert sich an sie und hob die Hand mit der Tüte leicht an.

"Ja, natürlich einen Moment." Sie ging ins Vorzimmer, während die beiden Männer ihr bewundernd hinterher schauten.

Olli riss seine Augen von ihr los und warf einen Blick in die Tüte voller Muffins, die Rückert unterwegs bei einem Bäcker mitgenommen hatte.

"Das war genau das, was uns zu unserem Glück noch gefehlt hat. Toll, dass du auch an meine Lieblingsorte, die Schoko-Muffins, gedacht hast", äußerte er sich begeistert und schwärmte – übergangslos mit etwas undeutlicher Aussprache, während er gleich einen der Muffins in sich hineinstopfte: "Eine attraktive, patente Frau und noch so jugendlich. Wär' das nichts für dich?"

"Heute scheint der Tag zu sein, an dem mich alle verkuppeln wollen", Rückert verzog sein Gesicht. "Als gäbe es nichts Besseres zu tun. – Und wie weit seid ihr bisher gekommen?"

"Fünfundzwanzig haben wir im Eilverfahren durchgeschleust. Dreizehn sind noch zu absolvieren. Und dann fehlen noch drei, die heute frei haben. Die müssen nächste Woche ins Präsidium kommen."

"Schon etwas Aufregendes dabei?"

"Noch nichts Entscheidendes. Dass auf dem Schreibtisch und an der Tür eine Menge Fingerabdrücke waren, war ja zu erwarten. Aber erstaunlich ist, dass sich auch auf dem Golfschläger, der neben dem Schreibtisch lag, gut erhaltene Spuren befanden. Ich dachte, der käme als Tatwerkzeug in Frage."

"Ja, das hätte ich auch nicht erwartet. Der Täter muss ganz schön durcheinander gewesen sein", meinte Rückert nachdenklich. "Am Waschbecken war doch alles, was er brauchte: Latex-Handschuhe, Handtücher, Fensterleder."

Das würde gut zu Herrn Hofmeister, dem Vater der verstorbenen Jasmin, passen. Er brachte Berner auf den neuesten Stand der Dinge.

Der zeigte sich ganz begeistert. "Dann können wir ja hier aufhören und uns den Muffins widmen."

"Gegen eine kleine Verschnaufpause habe ich nichts einzuwenden. Aber dann sollten wir systematisch weitermachen. Sicher ist für mich noch nichts. Beweise fehlen uns noch. Wir brauchen ja auch noch die Fingerabdrücke von Jasmins Vater. Und ihr seid so schön in Schwung. Das sollte man ausnutzen."

Die Sekretärin kam mit dem Teller und frischem Kaffee zurück.

"Hier wird man ja richtig verwöhnt. Ich hätte schon viel früher herkommen sollen. Und dann noch so eine reizende Gastgeberin. Da habe ich ja richtig was verpasst."

Frau Hainbuch dankte ihm mit ihrem schönsten Lächeln.

"Ich wusste gar nicht, dass Kommissare so charmant sein können. Ich dachte, sie interessieren sich nur für Frauen, die Opfer oder Täter sind", sagte sie mit kokettem Funkeln in den Augen.

"Was nicht ist, kann ja noch werden. Wie ich hörte, sind Ihre Fingerabdrücke ja auch auf einigen Golfschlägern gefunden worden."

"Werden Sie mich jetzt verhaften?"

"Das können wir uns noch nicht leisten. Nach Meinung des Kollegen Berner sind Sie hier unentbehrlich."

"Schade, ich hatte mich schon so auf die Leibesvisitation gefreut."

Ihre Flachserei wurde unterbrochen von einem mittelgroßen sportlich aussehenden jungen Mann mit brauner Lederjacke und blauen Jeans. Er hatte die letzten Bemerkungen noch mitbekommen und blickte Rückert böse an.

"Musst du denn mit jedem flirten?" fuhr er Frau Hainbuch an.

Sie reagierte gar nicht auf diese Bemerkung und stellte ihn vor.

"Herr Velden, mein Freund – die Herren von der Kripo. Herr Velden kümmert sich im Klinikum um den Fuhrpark." Sie wandte sich ihm zu.

"Ingo, heute wird leider nichts aus unserem gemeinsamen Mittagessen. Wir haben sicher noch zwei Stunden zu tun?" fragend schaute sie auf Berner, der bestätigend nickte und den Eindruck hatte, dass sie nicht böse war, wenn er ihr noch mehr Spielraum verschaffen würde.

"Eher noch etwas länger. Der Vergleich der Fingerabdrücke dauert."

"Da hörst du es. Aber nächste Woche wird es wieder ruhiger", sagte Frau Hainbuch begütigend.

"Na hoffentlich." Herr Velden zog beleidigt ab.

"Er ist halt ein bisschen eifersüchtig. Aber ich nehme das nicht so tragisch. Wie war das nun mit der Verhaftung, Herr Kommissar?"

"Ich würde das eher als Sicherheitsverwahrung bezeichnen."

"Sie haben doch nicht etwa Angst vor mir."

Jochen, der gerade das Sekretariat betrat, als Velden es verließ, tat so, als hätte er nichts gehört. Sieh an, der Jens. Der war gar nicht so trocken, wie es den Anschein hatte. Er konnte ganz schön aufdrehen.

"Hallo, das sieht ja richtig gemütlich aus bei euch." Er schnappte sich einen der Muffins. "Die sind ja lecker. Das überdeckt den Geschmack des Mittagessens. Der Fisch in der Kantine war nicht so berauschend."

"Was machst du denn hier?" fragte Rückert, der sich nach dem lockeren Intermezzo wieder zur Arbeit aufraffte.

"Eigentlich wollte ich euch nur ein bisschen aufheitern. Ich war nämlich gerade bei der Sekretärin des Herzchirurgen. Hab' so getan, als suchte ich eine Doktorarbeit. Und wisst ihr, was ich da gesehen habe?"

"Da sind wir aber gespannt."

"Den Teppich, der vorher hier lag! Wie du es schon vermutet hast, Jens. Allerdings stand er noch zusammengerollt hinter der Tür. Ich musste ihn extra an einer Ecke öffnen, um sicher zu sein."

"Es gibt eben doch noch ehrenhafte Menschen unter den Medizinern. Nicht alle sind bestechlich. Ich hoffe, du wirst auch mal so einer."

"Ich gebe mir Mühe. Allerdings hatte ich den Herzchirurgen eher auf der schwarzen Liste. Ihm und seinem Kollegen von der Anästhesie wird schon längere Zeit vorgeworfen, dass sie Rechnungen für fingierte Operationen gestellt und die Kassen betrogen haben. Ein sauberes Pärchen. – Ich glaube eher, dass die Sekretärin sich nicht getraut hat, den Teppich ohne Wissen ihres Chefs auszurollen. Wie ich erfahren habe, ist sie erst vor kurzem als Schwangerschaftsvertretung eingesprungen."

"Von dem Versicherungsbetrug der beiden Ärzte habe ich noch gar nichts mitbekommen."

"Kein Wunder, so etwas wird im Klinikum möglichst unter dem Deckel gehalten."

"Ich hab dir ja schon am Telefon von Melzings Golfraum erzählt", sagte Rückert und führte ihn zu einer kleinen Tür, die hinter einem Bücherregal versteckt war. "Der glatte Wahnsinn!"

Die Tür führte in einen Nebenraum, der zu einem Trainingsraum für Golf umfunktioniert war. Vorn an der Seite war eine kleine schmale Matte aus grünem Kunstrasen ausgelegt, die für das Üben des Einputtens in ein Loch gedacht war. Eine breitere Matte aus grünem Kunstrasen mit einem kurzen weißen Stift, auf den der Golfball aufgesetzt wurde, war als Abschlag eingerichtet. Ein großes Netz, das im hinteren Drittel des Zimmers aufgespannt war, diente zum Auffangen der Bälle. Einige Golfbälle lagen in der Auffangvorrichtung. Golfschläger waren nicht zu sehen. Sie waren in die Rechtsmedizin nach Gießen geschickt worden, wo ermittelt werden sollte, welcher Schläger die tödliche Schädelverletzung verursacht hatte.

"Professor müsste man sein", sagte Jochen neiderfüllt. "Aber du siehst ja, wo das hinführt: Erschlagen mit dem eigenen Golfschläger! Und wir leben noch."

Jochen trollte sich wieder. Als erstes hatte er sich vorgenommen, eine große Last loszuwerden, die ihn nach seinem Entschluss beim letzten Rudertraining quälte. Er wollte seinen Job als Nachtwache aufgeben.

Seinen 'Floh' hatte er in der Eile der Einfachheit halber direkt vor dem Eingang zur Pathologie abgestellt, quer in eine winzige Lücke zwischen einem viertürigen Mercedes E 220 und einem alten amerikanischen Straßenkreuzer, den wahrscheinlich schon Elvis Presley gefahren hatte, ein wunderbar restauriertes Cabrio in kitschigem Pink. Beide Wagen erschienen ihm riesig. Sie waren so breit, wie der Smart lang war, und nahmen den größten Teil der für drei Pkws markierten Parkbucht in Beschlag – was Jochen maßlos ärgerte. "Asoziale!" schimpfte er vor sich hin.

Der Oldtimer war jetzt durch den quer stehenden Smart auf der einen Seite und eine Blumenrabatte auf der anderen Seite eingekeilt. Ihm fehlte der Platz zum Manövrieren.

Sein Besitzer war gerade damit beschäftigt, in aller Eile das Verdeck aufzuspannen. Denn es hatte begonnen, zu regnen.

Das Zubehör war im Kofferraum untergebracht, der allein schon so groß war wie Jochens Floh. Jochen konnte sehen, dass dort außer dem Verdeck auch noch einige andere Utensilien verstaut waren: Ein Werkzeugkasten, eine Golftasche, aus dem die Köpfe von etwa zehn Schlägern herausragten, und ein langes Rohr aus Pappe, das ein großes Plakat enthalten konnte. Das war wahrscheinlich ein Poster für die Oldtimertreffen, die alle Nase lang irgendwo stattfanden, mit allen Einzelheiten über das kostbare Stück.

Das passte: Oldtimer fahren und Golf spielen. Lebenszweck dieses Herrn schien es zu sein, seinen Mitmenschen zu imponieren.

Als er Jochen zu seinem Smart gehen sah, ging der Mann gleich auf ihn los. "Haben Sie nicht gesehen, dass Sie meinen Wagen einkeilen?" fuhr er Jochen an.

Jochen erkannte den Mann in brauner Lederjacke wieder, dem er im Flur der Pathologie begegnet war. Er hatte offenbar nicht gerade in bester Stimmung das Sekretariat verlassen. Dann der Regen. Und nun zu allem Überfluss auch das noch: Da wagte es tatsächlich jemand, mit einem popeligen Smart seinem kostbaren Oldtimer den Weg zu versperren!

"Tut mir leid", entschuldigte sich Jochen in einer ersten Regung. "Ich war nur ganz kurz in der Pathologie. Pech, dass Sie vor mir zurückgekommen sind."

Aber dann stieg der Ärger in ihm hoch. Im Grunde fühlte er sich im Recht. Soll der doch im Museum parken, dachte er. Für Leute, die den Tag damit verbrachten, alte Autos zusammenzuschrauben, hatte er kein Verständnis. Für ihn war ein Auto ein Gebrauchsgegenstand, der funktionieren musste. Alles andere interessierte ihn nicht. Höchstens noch der Spritverbrauch, und der musste bei dem Oldtimer immens sein.

"Vielleicht ist es Ihnen noch nicht aufgefallen, aber Sie stehen fast zur Hälfte auf meinem Parkplatz", wehrte er sich, mahnte sich aber gleich darauf zur Zurückhaltung. Er wollte wegen so einer Kleinigkeit keinen Streit vom Zaun brechen und tat, als betrachte er den Wagen jetzt erst richtig.

"Der sieht ja aus wie neu", sagte er bewundernd. "Da steckt sicher viel Arbeit drin."

Damit hatte er schon gewonnen. Der eben noch erboste Mann verzog sein Gesicht zu einem breiten Grinsen.

"Aber es hat sich auch gelohnt, finden Sie nicht", sagt er stolz.

"Ja, wirklich", entgegnete Jochen. Nur wenn es regnet, haben Sie ein Problem. Und das ist ja in Marburg nicht selten."

"Stimmt, dann muss man sich sputen. Das Verdeck schließt sich noch nicht per Knopfdruck, wie man das heute gewohnt ist. Aber mit ein paar Handgriffen ist das geschehen, wie Sie vielleicht gesehen haben. Übrigens, Velden ist mein Name". Ingo Velden, jetzt die Zuvorkommenheit in Person, hielt ihm die Hand hin. "Ich bin hier im Klinikum für den Fuhrpark zuständig." "Jochen Haller, Medizinstudent. – Dann sitzen Sie mit Ihrem Oldtimer ja direkt an der Quelle für Ersatzteile." Er deutete auf die Golftasche, "Ich sehe, Sie spielen Golf?" Jochen wollte nicht weiter mit Einzelheiten über den Oldtimer belabert werden.

"Nur selten, wenn mal Zeit dafür bleibt. Man lernt dabei immer interessante Menschen kennen. Beziehungen sind ja alles im Leben." Velden legte offenbar weniger Wert auf den Golfsport. Ihm kam es vor allem auf den gesellschaftlichen Gewinn und geschäftliche Kontakte an.

Alex, ein Jurastudent aus dem Duisberghaus, der über Hessens Grenzen hinaus als Golfass bekannt war, hatte Jochen einmal auf den Platz mitgenommen und gehofft, ihn für Golf gewinnen zu können.

"Es gibt hier drei Typen von Leuten", hatte er ihm erzählt. "Die meisten sind im Golfclub, um nebenher Geschäfte abzuwickeln oder Frauen anzubaggern. Dann gibt es ein paar Möchtegern-Golfer. Die kommen nur her, um damit hausieren zu gehen, dass sie dazu gehören. Die kannst du in der Pfeife rauchen. Die dritte Gruppe will ernsthaft Sport treiben. Die kannst du in diesem Club an zwei Händen abzählen. Hättest du nicht Lust, bei uns mitzumachen? Du hast optimale körperliche Voraussetzungen und ein gutes Bewegungsgefühl. Ich garantiere dir, du bist in drei Jahren unter den Besten."

Jochen hatte sich für das Kompliment bedankt und lachend abgewehrt: "Das kostet mich zu viel Zeit. Es gibt noch so viele andere Sportarten, die ich kennen lernen möchte. Vielleicht, wenn ich mal im Ruhestand bin."

Velden gehörte zweifellos zu den beiden ersten Kategorien der Golfer.

"Ich muss weiter." Jochen verabschiedete sich von Velden und machte ihm den Weg frei zum Rangieren. Er schaute ihm noch zu, wie er sich mit dem Wagen aus der Parkbucht herauskämpfte. Ohne Servolenkung war das ein ganz schönes Stück Arbeit. Aber dafür wurde er von einigen Passanten, die sich inzwischen angesammelt hatten, bewundert. Das entschädigte ihn offenbar für alles. Lässig winkte er seinem Publikum zu.

Jochen parkte seinen Floh verkehrsgerecht ein und trat seinen schweren Gang in die Chirurgie an.

Sein Herz schlug ihm bis zum Hals, als er – einen bunten Blumenstrauß in der Hand – Steffi bei der Arbeit im Stationszimmer antraf.

"Hallo, Herr Haller. So feierlich heute. Wollen Sie jemanden besuchen."

"Hallo, Schwester Steffi", druckste er herum. Er war dicht daran, sein Vorhaben aufzugeben, raffte sich aber schließlich doch auf, die Sache hinter sich zu bringen.

"Es tut mir wahnsinnig leid, aber ich muss mich aus dem Pool der Nachtdienstler streichen lassen. Ich habe eine Doktorarbeit begonnen und muss mich darauf konzentrieren. Neben dem Studium und der Arbeit noch den Nachtdienst, das schaffe ich nicht mehr." Er überreichte ihr die Blumen zum Dank und Abschied.

"Schade, aber das ist der Lauf der Dinge." Wenn sie enttäuscht war, verbarg sie das gut hinter der Maske der Professionalität. "Irgendwann musste das ja kommen. Sie haben uns länger als die meisten anderen Studenten die Treue gehalten. Dafür möchte ich mich, auch im Namen meiner Kolleginnen und aller Patienten bedanken, denen Sie Ihre Zeit geopfert haben."

Es brach ihm fast das Herz, aber er versuchte, genauso cool zu antworten: "Ich habe viel dabei gelernt", antwortete er "Dafür bin Ihnen sehr dankbar, auch dafür, dass ich von Ihnen und ihren Kolleginnen als Anfänger so freundlich aufgenommen wurde."

"Sie haben es uns leicht gemacht. Alle haben gern mit Ihnen zusammen gearbeitet. Bei wem machen Sie denn Ihre Doktorarbeit", fragte sie höflich bemüht, dem Abschied eine sachliche Note zu geben.

"Bei Professor Knippich."

"Ach, der Muko-Spezialist. Da sind Sie sicher in guten Händen. Der kommt immer mal als Konsiliarius zu uns, wenn einer seiner Patienten operiert worden ist, der kümmert sich wirklich sehr engagiert. Also dann, viel Erfolg."

Sie reichte ihm die schlanke Hand, kühl, fest, ein bisschen abweisend. Von besonderer Sympathie, die er ab und zu bei ihr zu spüren geglaubt hatte, keine Spur. Das schnürte ihm die Kehle zu. Er hatte ihr so vieles zu sagen. Zu seinem eigenen Entsetzen war er nicht einmal dazu fähig, sie einzuladen, Abendessen, Kino, Theater, sonst irgendetwas Unverfängliches. Nichts kam über seine Lippen.

"Tschüs", brachte er mit Mühe hervor. Er wandte sich um zur Tür und hoffte, dass sie ihn zurückrufen würde. Nichts passierte. Er verließ die Intensivstation wie betäubt, mit dem Gefühl, alles vermasselt zu haben. Er taumelte nach draußen ins Freie, wo er von strömendem Regen empfangen wurde. Aber er störte sich nicht daran, empfand ihn sogar als Wohltat. Er entsprach seiner Stimmung. Niemand würde merken, wenn sich ein paar Tränen unter die Regentropfen mischen würden.

Woher kam eigentlich das Märchen vom starken Mann? Er fühlte sich einsam und verletzlich.

Jetzt hätte er gern seinen Großvater bei sich gehabt. Der würde ihm – wie bei früheren Gelegenheiten – den Arm um die Schultern legen und trösten. Er würde ihn beneiden und gutmütig spotten: "Liebeskummer, wie toll! Habe ich lange nicht mehr gehabt! Genieße das Gefühl. Und denk' dran: Andere Mütter haben auch schöne Töchter." Und er würde entgegnen. "Die anderen interessieren mich nicht. Ich will Steffi."

"Dann unternimm was", wäre mit Sicherheit sein Rat. Aber was?

Sie würden gemeinsam beratschlagen, was er tun konnte. Sein Großvater hatte immer irgendwelche Ideen und Spaß daran, sie umzusetzen. Zumindest würde er nichts unversucht lassen. Er seufzte. Wenn man die Leute brauchte, waren sie nicht da.

Er hatte inzwischen den Weg zum Labortrakt eingeschlagen, in dem auch die Gastroenterologie-Labors untergebracht waren. Jetzt musste er sich zusammenreißen. Er hatte schließlich einen wichtigen Termin bei Ina, der für seine Zukunft entscheidend sein konnte. Und er war froh darüber. Das würde ihn auf andere Gedanken bringen.

Mit pitschnassem Haar und regendurchtränkter Jacke traf er im Labor ein. Dort wurde er zuerst in wohltuender Weise von Iris ausgeschimpft, dann gebührend umsorgt, wie es ihr als Mutter der Kompanie zukam. Er erhielt ein Handtuch und eine Tasse Kaffee.

"Udo! Einen Kittel für Jochen."

Udo, ihr Kollege, war etwas korpulent, dafür ein gutes Stück kleiner, so dass Jochen sich in seinem Kittel wie ein Zauberlehrling vorkam, aber das machte ihm nichts aus. Er fühlte sich irgendwie geborgen, in Knippichs kleine Labor-Familie aufgenommen. Er nutzte die Gelegenheit, zu beobachten, wie sie alle um ihn herumwuselten. Bei aller Konzentration ging ihnen die Arbeit leicht von der Hand, so dass der Flachs blühte.

Udo wurde wegen seiner 'hohen Stirn' und seines ewigen Hungers aufgezogen. Seine häufigen, aber vergeblichen Bemühungen, die Nahrungsaufnahme einzuschränken, waren Gegenstand der ständigen Frozzeleien, die er mühelos an sich abgleiten ließ.

Er war als Experte für technische Feinheiten unentbehrlich. Seine Domäne waren Spannungsmessungen an Darmgewebe, die für die Grundlagenforschung und Diagnostik bei Mukoviszidose von großer Bedeutung waren.

Klaus, der Zivildienstleistende, war Mädchen für alles. Wie Jochen aus den Sticheleien heraushörte, neigte er dazu, seine Rundgänge zur Materialbeschaffung etwas auszudehnen und mit anderen Zivis zu quatschen, und war auch sonst nicht der Schnellste. Aber er war gutmütig und hatte sich bestens in das Team eingefügt. Schließlich war da noch Jürgen Bärlach, ein unscheinbarer, fleißiger Doktorand, zehntes Semester, den er im Klinikum noch nie bewusst zur Kenntnis genommen hatte. Er war in der Endphase seiner praktischen Tests und tat klaglos alles, was man ihm auftrug.

Der Zivi hatte gerade einige Gewebsproben aus der Chirurgie mitgebracht, die sofort für Spannungsmessungen vorbereitet bzw. für den Brutschrank aufgearbeitet werden mussten. Alle waren emsig beschäftigt.

In diesem ungünstigen Moment kam noch ein Anruf aus der Pathologie. Dort war dringend Gewebe nach einer Obduktion abzuholen.

Jochen bot Iris an, den Botengang zu übernehmen. Das war eine gute Gelegenheit, kurz bei Steffen und Olli vorbeizuschauen. Auf diese Weise würde er auf dem Laufenden bleiben.

"Das wäre uns wirklich eine große Hilfe", nahm Iris sein Angebot an, sichtlich erfreut, dass sich der neue Doktorand für solche niederen Dienste nicht zu schade war. "Dann kann Klaus mit den pH-Messungen des Dünndarmsekrets schon weitermachen. Aber danach geht's dann los mit der Einführung."

Kapitel 16

Das Sekretariat der Pathologie schien verwaist, als Jochen dort ankam. Durch die Zwischentür hörte er Rückerts Stimme.

"Alle diese Angaben helfen uns nicht recht weiter. Nach den verschiedenen Zeugenaussagen waren um die Tatzeit herum neben einigen Mitarbeitern der Pathologie, die natürlich auch in Frage kommen, der Orthopäde, der geschasste MTA, der Vater von Jasmin und ein noch nicht identifizierter Mann in blauer Latzhose, der um diese Zeit das Sekretariat verlassen hat. Von Letzterem wissen wir am wenigsten. Möglicherweise war es nur ein Handwerker aus dem Klinikum. Sein Gesicht hat niemand richtig gesehen. Immerhin wurde von zwei Zeugen übereinstimmend berichtet, dass er rechts hinkte. Leider differieren die Größenangaben. Der eine Zeuge hat ihn vom Kellergeschoss aus gesehen und meint, er habe fast die Größe seines Chefs gehabt, sei nur schmaler gewesen. Der andere Zeuge, der ihn vom zweiten Stockwerk aus gesehen hat, meint, dass er höchstens mittelgroß war. Außer ihm muss in erster Linie Jasmins Vater als dringend tatverdächtig angesehen werden. Von dem fehlen uns allerdings noch die Fingerabdrücke", resümierte Rückert.

"Darf ich noch an die Fingerabdrücke von Frau Hainbuch erinnern", mahnte Körner von der Spusi. Er wollte damit daran erinnern, dass sie – zumindest theoretisch – ebenfalls als Täterin in Frage kam.

Die Sekretärin lachte etwas verlegen.

"Professor Melzing hat mir ein paar Mal gezeigt, wie man den Ball abschlägt. Ich sollte immer mal eine Pause beim Schreiben einlegen, weil ich vom vielen Schreiben am PC einen 'Mausarm' habe. Er hat mir zuliebe sogar einmal den

Chef aus der Orthopädie zum Golftraining angeschleppt. Der hat mir bei der Gelegenheit ein paar Empfehlungen gegeben, die ich beherzigt habe: Sie können sich das ganze Arsenal auf meinem Schreibtisch ansehen. Verschiedene Handauflagen und mehrere Mäuse, die eine unterschiedliche Handhaltung erfordern, dazu noch eine ergonomische Tastatur, alles zur Entlastung der Unterarmmuskulatur – nichts davon hat wirklich genutzt. Erst als mein Chef auf die Idee mit dem Abschlagtraining kam, wurde es besser. Beim Abschlag wird der ganze Körper beansprucht, das tat auch meinem Arm gut. Innerhalb von zwei Wochen war mein Mausarm passee. Mehr Spaß hat mir zwar das Einputten gemacht. Leider hat das für den Arm nichts gebracht."

"Und wie kommt es, dass auf dem Golfschläger, der eigentlich für den Abschlag gedacht ist, Ihre Fingerabdrücke nicht drauf waren", wollte Rückert wissen.

"Der war für mich zu lang. Deshalb hat mir der Professor zu einem kürzeren Eisen geraten. Er sprach immer vom Siebener als seinem Lieblingsschläger auf dem Platz."

"Das verstehe ich zwar nicht. Aber ich bin auch kein Golfexperte. Außerdem haben wir mit den beiden Schlägern im Golfraum insgesamt nur fünf Schläger gefunden. Mindestens einer fehlt."

"Hallo, Jochen", begrüßte er den Neuankömmling erfreut, als er zur Tür hereinkam. "Gut, dass du kommst. Kennst du dich mit Golfschlägern aus."

"Nicht so richtig, worum geht's denn?"

"Weißt du, wie viele Schläger man beim Golfen braucht?"

Jochen erinnerte sich an die Golfrunde mit Alex. Der hatte zwei Bags voller Schläger im Wagen. Bei seinem Schnupperkurs mit Jochen hatte er aber höchstens fünf Schläger benutzt.

156

"So weit ich mich erinnere, kommt es sehr auf die Erfahrung des Spielers an. Anfänger brauchen nur wenige Schläger. Aber ich kann Alex, unser Golf-Ass im Duisberghaus, gern mal interviewen."

"Mein Chef war bestimmt kein Anfänger. Der hat sicher noch mehr Schläger", schaltete sich Frau Hainbuch entrüstet ein. Auf ihren Chef ließ sie nichts kommen.

"Und was ist ein Siebener Eisen?"

"Weiß ich auch nicht mehr so genau. Ich erinnere mich nur vage, dass die Eisen für Schläge über mittlere Distanzen geeignet sind", gestand Jochen

"Also müssen wir erst einmal unsere Hausaufgaben machen", schloss Rückert und wandte sich wieder der Sekretärin zu.

"Oder wollen Sie lieber gleich ein Geständnis ablegen?" sagte er im Spaß. "Vielleicht hat er Sie angefasst, und Sie haben sich zur Wehr gesetzt? Sie konnten den Schläger in Ruhe verschwinden lassen."

Frau Hainbuch schaute ihn forschend an. Meinte er das ernst?

Ihr Chef und sie! Vielleicht hatte sie sich in der Anfangszeit mal Hoffnungen gemacht. Aber er lebte in einer ganz anderen Welt. Melzing hätte sich nie mit ihr eingelassen.

"Ich habe ihn als Chef sehr gemocht, und ich glaube, er hat auch mich geschätzt. Aber mein Gott, er wäre mir nie zu nahe getreten." Dann brach sie ab und begann zu weinen. War das wegen des ungerechtfertigten Verdachts oder eher wegen einer unerfüllten Liebe? Die Anwesenden schauten sich betreten an.

Rückert reichte ihr sein Taschentuch. "Na, na!" meinte er begütigend, "War doch nicht so gemeint."

Aber alle wussten, dass er nicht anders konnte. Er würde keine Spur außer acht lassen.

Frau Hainbuchs Worte über das gute Verhältnis zu ihrem Chef brachten Rückert die unbeherrschte Reaktion von Velden in Erinnerung, als er plötzlich im Sekretariat auftauchte.

"Wie ist denn Ihr Freund damit fertig geworden, dass Sie so eng mit Ihrem Chef zusammengearbeitet haben? Könnte er mal eine Situation falsch verstanden haben? So eifersüchtig, wie der ist, hätte da leicht etwas passieren können."

Die Sekretärin hatte sich wieder gefasst.

"Das kann ich mir nicht vorstellen."

"Mich hat er jedenfalls ganz schön feindselig angeguckt, als wir etwas herumgealbert haben", erinnerte Rückert sich.

"Ja, schon, er war auch nicht sehr gut auf Melzing zu sprechen. Aber ich glaube, das hat eher daran gelegen, dass mein Chef ihn immer etwas von oben herab behandelt hat. Für ihn war Velden als Nicht-Akademiker nicht ebenbürtig."

Ja, das war Gottvater zuzutrauen, dass er einen Emporkömmling und Möchtegern-Golfer wie Velden seine Verachtung hatte spüren lassen, dachte Jochen. Aber deswegen jemanden umbringen?

"Machen wir Schluss für heute", sagte Rückert schließlich achselzuckend. Wir brauchen dringend weitere Informationen. Heute Abend, spätestens am Montagmorgen, erwarte ich die Golfschläger wieder aus Gießen zurück. Dann wissen wir mehr. Am Montagnachmittag, sagen wir fünfzehn Uhr, wollen wir dann versuchen, alle wichtigen Situationen nachzustellen. Kannst du auch kommen, Jochen? Du hast ja fast die Körpermaße von Melzing."

"Okay, ich bin dabei", willigte Jochen ein.

*

Als er mit dem Material aus der Pathologie im Gastro-Labor eintraf, nahm ihn Iris gleich in Beschlag, und in den nächsten zwei Stunden war er so beansprucht, dass er alles andere vergaß.

In der Kaffeepause gab es leckeren Bienenstichkuchen.

Knippich ließ es sich nicht nehmen, selbst kurz nach dem Rechten zu sehen.

"Na, wie läuft's", fragte er Jochen und schaute Iris und ihn an.

"Mir brummt der Schädel von den vielen Details, aber irgendwann wird's schon klappen", sagte Jochen.

"Hast schon schlechtere Doktoranden rangeschleppt", meinte Iris lakonisch. Der Anfang beim Anlernen der neuen Doktoranden war immer etwas mühsam.

"Das nenne ich hohes Lob", schmunzelte Knippich.

"Übrigens, da ist noch ein Stück Darm aus der Pathologie gekommen", meldete sich Udo zu Wort und vergaß nicht zu erwähnen, dass Jochen sich schon nützlich gemacht hatte.

"Wir haben schon ein paar Messungen gemacht. Ganz interessant, könnte eine Mukoviszidose sein."

"Irgendwo müssen doch Name und Diagnose vermerkt sein." Knippich war sich nicht zu schade, selbst in dem mit groben Packpapier ausgefüllten Karton herumzustöbern, in dem der Styroporbehälter mit dem Stück Dünndarm umgeben von Trockeneis eingepackt gewesen war.

"Na also, da ist er ja", er war fündig geworden. Der Begleitzettel war unglücklich in einen Schlitz des Pappkartons eingeklemmt.

"Ach du meine Güte", stieß er betroffen hervor. "Es ist eine Gewebeprobe von Jasmin Hofmeister." Nicht gerade das, was er sich als Nachlass des Kollegen Melzing gewünscht hatte. Aber wenn das Material nun schon in seine Hände gelangt war, würde er die unerwartete Chance nutzen.

Anschließend brachte Knippich sein Team auf andere Gedanken, indem er aus dem Nähkästchen plauderte.

"Stellt euch vor. Heute Mittag musste ich beim Dekan antanzen. Er bot mir an, aus einem Restbudget – der Teufel weiß, wo er das ausgegraben hat – ein Gerät fürs Labor bis zu einem Wert von 10.000 Euro zu finanzieren. Brauchen wir noch etwas Dringendes?" Knippich schaute fragend in die Runde. "Natürlich ließ er durchblicken, dass er mit meiner Stimme bei der Dekanatswahl rechnet. Ich wüsste zu gern, wen er noch zu ködern versucht."

"Haben Sie etwas davon gehört, dass er Perserteppiche verteilen lässt?" fragte Jochen.

"Nein, wirklich? Mir hat er bisher keinen angeboten. Das ist sicher nur etwas für seine Spezis, die großen hochschulpolitischen Einfluss haben. Ich bin ja nur ein kleines Licht. – Wo haben Sie das denn her? Jedenfalls passt das gut ins Bild. Die Professoren sind alles Spitzbuben. Der akademische Konkurrenzkampf sorgt für eine negative moralische Auslese, und der Dekan ist der Oberspitzbube."

Das war krass. Jochen war verblüfft über diese Offenheit und überlegte schon, wie weit er sich vorwagen durfte. Aber Knippich war auf dem Sprung und drängte nicht weiter.

"Ich muss dann mal wieder. Ihr macht noch ein bisschen weiter?" vergewisserte er sich.

"Na klar," beruhigte ihn Iris, "Wir kümmern uns um das kostbare Stück Darm."

Die Mitarbeiter im Labor waren es gewohnt, immer mal wieder Überstunden zu machen, wenn es die Situation erforderte. Sie wurden immer großzügig dafür entschädigt. Das wurde von Iris mit Knippichs Zustimmung unbürokratisch geregelt. Iris selbst stand im Wechsel mit einer Schwester von Station Koch auch für Notfall-Darmspiegelungen bereit.

Zufrieden nickte Knippich und fragte: "Ist noch genügend Geld in der Kaffeekasse?"

"Ja, ja, reicht noch für die nächste Woche", beruhigte ihn Iris.

"Also dann: schönes Wochenende!"

"Meint er das wirklich so mit der moralischen Negativauslese der Professoren, er gehört doch selbst dazu?" fragte Jochen, für den Professoren bisher immer noch Respektspersonen waren.

"Das war noch gar nichts", sagte Iris. "Du müsstest ihn mal hören, wenn er so richtig in Fahrt kommt. Seiner Ansicht nach sind mindestens neunzig Prozent der Professoren Psychopathen. Sie sind so von ihrem Konkurrenzdenken geprägt, dass ihnen jedes Mittel recht ist, ihren Vorteil zu wahren: Ellenbogeneinsatz, Verleumdung, geistiger Diebstahl, Heuchelei, und alles aus Machtstreben und Geldgier! Am schlimmsten ist ihr fehlendes Unrechtsbewusstsein. Alles Verbrecher. Das ist O-Ton Knippich."

Kapitel 17

Im Duisberghaus wurde Jochen schon sehnlichst erwartet. Charly suchte händeringend einen vierten Mann zum Doppelkopfspielen. An einem verregneten Freitagnachmittag gab es seiner Meinung nach nichts Besseres. Jochen kam das gerade recht. Nach der Pleite mit Steffi wollte er nicht gern alleine sein.

"Ich muss nur noch schnell zu Alex. – Spielt doch so lange eine Runde Skat, ich bin dann gleich mit von der Partie."

Als er bei Alex hereinschaute, erwartete ihn eine Überraschung. Der sonst immer korrekt gekleidete Jurastudent saß in ausgebeulten Trainingsklamotten im einzigen Sessel des Zimmers, einen juristischen Wälzer auf dem Schoß. Das rechte Bein hatte er hoch gelegt aufs Bett, nur mit einem feuchten Handtuch bedeckt. Neben dem Sessel stand ein kleiner roter Plastikeimer mit klarem Wasser, das offenbar zur Erneuerung der Kühlung diente.

Die Frage nach den Golfschlägern, die Jochen auf dem Herzen hatte, war unwichtig geworden. "Was hast du denn angerichtet?"

"Nichts Besonderes. Ich war heute Nachmittag zu einem Marktplatzbummel zusammen mit einer Freundin, die aus Frankenberg zu Besuch war. Sie musste sich unbedingt in den Touristenrummel stürzen und sich ansehen, wo die Brüder Grimm und Martin Luther ihr Unwesen getrieben haben. Anschließend haben wir noch vor dem Marktbrunnen gestanden und auf den Auftritt des berühmten Rathaus-Hahns auf dem Rathaus gewartet. Da hat mich ein Mountainbike-Fahrer über den Haufen gefahren."

"Dieser müde Gockel mit seinem dürftigen Krächzen! Das war der nun wirklich nicht wert", meinte Jochen verächtlich.

"Aber wahrscheinlich hattest du sowieso nur Augen für deine Freundin und hast nicht aufgepasst."

"Danke, sehr mitfühlend!" beschwerte sich Alex. "Jedenfalls bin ich so unglücklich gestürzt, dass ich mir den rechten Unterschenkel geprellt habe. Das waren ganz schöne Schmerzen. Doro versteht etwas von erster Hilfe, die will später auch Medizin studieren. Sie hat das Bein mit einem Golfschläger aus meinem Wagen geschient und mich nach Hause kutschiert. Seitdem liege ich hier und kühle mir das Bein. Bis übermorgen muss ich wieder fit sein. Ich habe ein wichtiges Golf-Turnier in Braunfels."

"Darf ich mal sehen?"

"Na klar. Ich dachte schon, du würdest gar nicht mehr fragen." Er vertraute Jochen, weil er wusste, dass dieser auf der chirurgischen Intensivstation schon einige Erfahrungen mit Verletzungen gesammelt hatte. Bereitwillig überließ er ihm das Bein zur Untersuchung.

Jochen fühlt erst das Schienbein ab, das in Ordnung war. Dann konzentrierte er sich auf das Wadenbein. Er sah die starke Schwellung und bog vorsichtig das Bein am unteren Ende nach innen. Alex schrie auf:

"Autsch, das tut weh".

"Stell dich nicht so an", Jochen blieb unnachgiebig. "Wir haben es ja gleich geschafft." Er klopfte erst behutsam, dann kräftiger auf die Ferse und fragte, "Wo fühlst du jetzt den Schmerz?"

"Da", Alex deutete außen auf die Mitte der Wade.

"Ja, passt alles zusammen." Er ließ Alex an seinen Gedanken teilnehmen. "Wenn mich nicht alles täuscht, hast du dir das Wadenbein gebrochen oder zumindest angebrochen. Soll ich dich gleich zum Röntgen fahren, oder willst du lieber bis morgen warten?"

"Eigentlich habe ich für heute die Nase voll."

"Okay. Hast du Schmerzen, oder brauchst du etwas?"

"Seit du vom Bruch erzählt hast, tut mir das Bein höllisch weh."

"Ich hol dir Valoron. Das habe ich noch aus der Zeit nach meiner Meniskusoperation. Gut gegen Schmerzen, aber ein Teufelszeug! Das kriegst du nur, wenn du heute Abend auf Alkohol verzichtest."

"Nicht mal ein Bier?"

"Na gut, aber maximal eins", gab Jochen nach. "wir passen auf dich auf. Wenn du einverstanden bist, hol' ich die Doppelkopfrunde hierher."

"Super Idee! Und bring den runden Tisch aus der Ecke im Flur mit."

Sie waren dann zwar zu fünft, aber wenn bei jeder Runde einer aussetzte, der Getränke besorgte, ging das ganz gut. Das hatten sie schon öfter so gemacht.

"In Ordnung. – Wo ist eigentlich deine Freundin?"

"Die musste wieder zurück."

"Händchen halten allein genügte ihr wohl nicht", frozzelte Jochen.

"Ja, wer den Schaden hat, … ." Alex nahm das jetzt alles nicht mehr tragisch. Die Aussicht auf einen lustigen Doppelkopfabend tröstete ihn über seine Pechsträhne hinweg.

Jochen brachte ihm ein Paar Krücken, die er nach seiner Meniskusoperation für alle Fälle aufgehoben hatte, und zeigte ihm, wie er damit umgehen musste.

Bald darauf war das Krankenzimmer in eine Stammtischrunde verwandelt, und Alex war in seinem Element. Er sparte nicht mit Re und Kontra und riskierte sogar mit relativ dürftigen Karten ein Damensolo, was sonst gar nicht seine Art war.

"Du bist heute so gut drauf, vielleicht solltest du dir öfter das Bein brechen", lästerte Charly.

"Das muss an dem Zeug liegen, das mir Jochen gegen die Schmerzen gegeben hat."

"Ach, du bist gedopt. Dann wundert mich nichts mehr."

Jochen schwieg dazu. Er wusste, dass Valoron ein gewisses Suchtpotenzial hatte, aber schließlich handelte es sich um einen physischen und psychischen Notfall.

Zwei Stunden später, nachdem Alex lange widerstanden, aber dann doch den Kampf gegen die Verlockung eines Bierchens verloren hatte, überwältigte ihn die Müdigkeit.

"Seid mir nicht böse. Ich muss jetzt schlafen. Toller Abend. Ihr seid wie Vater und Mutter zu mir."

Sie lachten, und Charly sagte im Spaß: "Nur deine Freundin können wir dir nicht ersetzen. Soll ich vielleicht Olli aus dem ersten Stock holen?" Alex verzog das Gesicht und machte nur, "Brrrr! Ich bin nicht 'bi', und Sex interessiert mich heute Abend überhaupt nicht. Haut endlich ab."

Sie setzten die Doppelkopfrunde noch bis zwei Uhr nachts in Charlys Zimmer fort.

Als Jochen vor dem Schlafengehen vorsichtig nach Alex sah, schlief er fest wie ein Murmeltier.

*

Am nächsten Morgen klopfte er an Alex' Tür, das Frühstück auf einem Tablett wie ein Profi mit einer Hand balancierend:

"Zimmerservice!"

"Ist offen", erklang die fröhliche Stimme seines Schützlings.

"Und, wie war die Nacht?" fragte Jochen gespannt, während er das Frühstück neben Alex auf das Bett stellte.

"Klasse. Das Zeug, das du mir gegeben hast, ist wirklich ein Wundermittel. Die Schmerzen sind erst heute morgen um sechs wieder losgegangen, als ich dringend aufs Klo musste." Und mit einem Blick auf das Tablett: "Was ist denn das für ein Fraß? Willst du mich vergiften?"

"Milch für die Knochen und Müsli mit Nüssen und frischem Obst, damit die Knochen schneller heilen und du groß und stark wirst. Heute ist nichts mit deinem dekadenten Frühstück mit Nutella-Brötchen und Kakao. Du kriegst das Gleiche wie ich. Keine Extrawurst!"

"Igitt, und das kann man essen?" Kurz darauf schaufelte er das geschmähte Zeug in sich herein, als würde er dafür bezahlt.

"Scheint doch nicht so schlecht zu sein, wie du dachtest", schmunzelte Jochen.

"Der Hunger treibt's rein." Aber nach einer Weile gab er zu: "Schmeckt durch die vielen Nüsse und die Bananenstückchen besser, als ich dachte. Wie wär's noch zum Nachtisch etwas von dem Zaubermittel, diesem Valoron?"

"Nichts da. Vor der Untersuchung gibt es kein Schmerzmittel mehr, der Kollege in der Unfallchirurgie muss wissen, wo es dir weh tut."

Jochen durfte ausnahmsweise den Mazda MX-5 fahren, an den Alex sonst niemanden heranließ. Eine Wucht! Das richtige Gefährt für einen erfolgreichen Nachwuchsgolfer. Der ging bei der Ampel am Wilhelmsplatz ab wie eine Rakete, so dass Jochen aufpassen musste, dass er nicht auf den Opel Vectra vor ihnen auffuhr. Trotzdem genoss er es, mal mit einem solchen Wagen zu fahren. Der hohe Spritverbrauch interessierte ihn momentan nicht.

Der Warteraum der Unfallchirurgie war gerammelt voll. Die Patienten wurden nach Einschätzung der Notsituation aufgerufen. Die Nachbarin von Alex hatte sich einen Topf kochendes Wasser über die Beine geschüttet und stöhnte vor Schmerzen. Sie wurde als erste ins Behandlungszimmer gebracht.

Gegenüber saß ein Mann mittleren Alters, der beim Schneiden der Äste vom Baum gefallen war und sich eine lange blutige Risswunde am linken Arm zugezogen hatte. Sie war nur notdürftig versorgt worden. Das Blut sickerte durch den dünnen provisorischen Verband, die Wunde musste dringend versorgt werden.

Daneben saß eine Mutter mit ihrem kleinen Jungen, der Bauchschmerzen hatte, die immer schlimmer wurden. Verdacht auf Blinddarmentzündung. Auch er wurde vorgezogen.

Zwischendurch öffnete sich in kurzen Abständen die Eingangstür zum Warteraum und ließ immer neue Patienten herein, meist Unfälle im Haushalt, Beruf oder Sport.

Zum Glück kam ein Teil der Patienten nur zur Nachuntersuchung. Die waren schnell abgefertigt. Bei den neuen Patienten war ein erfahrener grauhaariger Pfleger damit ausgelastet, eine erste Einschätzung vorzunehmen, bevor ein junger Arzt, nicht viel älter als Jochen, die endgültige Reihenfolge der Patientenversorgung festlegte. Er war klug genug, sich meist an die Vorschläge des Pflegers zu halten.

Nur einmal änderte er die Reihenfolge, als ein Kind mit ausgerenktem Ellenbogengelenk von seinem Vater hereingebracht wurde. Er nahm die beiden gleich mit ins Verbandszimmer und kurze Zeit später kamen sie vergnügt wieder heraus. Toll. Das musste ein schönes Gefühl sein, so gekonnt und rasch helfen zu können. Jochen bewunderte den Kollegen. Er hoffte, es würde ihm später auch einmal gelingen, so

sichere Entscheidungen zu fällen und so erfolgreich zu thera-
pieren. Im Moment konnte er sich das gar nicht vorstellen. Es
gab so viele Krankheiten und Behandlungsmöglichkeiten.
Wie konnte man da durchblicken!

Zum Glück landeten hier keine Herzinfarkte, Schlaganfäl-
le, Nierenkoliken und andere schwere Notfälle. Sie kamen
sicher direkt in die entsprechenden Fachkliniken.

Leicht Verletzte wie Alex mussten viel Geduld haben. Jochen fiel plötzlich wieder seine Frage wegen der Golfschläger ein, die ihn am Abend vorher eigentlich zu Alex geführt
hatte. Das war jetzt eine gute Gelegenheit, sich darüber zu
informieren.

"Du hast mir doch damals auf dem Golfplatz erklärt, dass
ein Anfänger mit wenigen Golfschlägern auskommt. Ich
kann mich noch erinnern an einen speziellen Schläger für
den Abschlag, ich glaube, den hast du 'Driver' genannt, und
einen zum Einputten. Das konnte ich mir gut merken."

"Richtig. Dann gibt es noch …", Alex hielt inne. "Ach, am
besten holst du meine Golftasche, dann kann ich dir das besser erklären. Die ist hinten im Kofferraum."

"Okay". Jochen war ganz froh, dass er mal aus dem über-
füllten Wartezimmer raus kam, ging zum Parkplatz und
schulterte die Golftasche, die er trotz der vielen Schläger erstaunlich leicht fand. Er zog am Getränkeautomaten noch
schnell zwei Becher Kaffee, die helfen würden, die Wartezeit
zu überstehen.

Dankbar nahm Alex den Becher entgegen "Aah, das tut
gut, schmeckt zwar nicht wirklich, ist aber schön heiß."

"Ich bin überrascht, wie leicht die Golftasche ist, obwohl er
voller Schläger ist", wunderte sich Jochen.

"Ja, kommt natürlich sehr aufs Material des Schafts an, der kann aus Stahl oder Grafit sein. Wenn du bis zu vierzehn Schläger bei einem Turnier mit dir herumschleppst, wiegt das natürlich trotzdem einiges, vor allem, wenn man mehrere Stunden unterwegs ist. Deswegen gibt es ja auch die Trolleys. Also, um auf deine Frage zurückzukommen." Alex zog einen Golfschläger heraus. "Das hier ist ein Schläger mit einem relativ geringen Neigungswinkel von 31 Grad, mit dem man flache Flugkurven und ganz ordentliche Weiten erzielt, ein so genanntes Eisen Sechs, und das hier", er nahm den nächsten Schläger in die Hand, "dient praktisch als eine Art Schaufel, die Engländer nennen das Wedge. Den nimmt man, um den Ball aus einem Sandbunker oder aus tiefem Gras herauszuholen. Du siehst der Schaft ist kürzer, der Neigungswinkel des Schlägers, Loft genannt, ist ungefähr doppelt so groß. Damit kann man eine steile Flugkurve erreichen, aber nur kurze Entfernungen überbrücken."

"Der sieht ganz schön gefährlich aus", meinte Jochen.

"Ja, damit kann man ganz schöne Löcher schlagen."

"Auch in Knochen?" fragte Jochen beiläufig.

"Na klar", lächelte Alex stolz. "Im vorigen Jahr ist ein Club-Mitglied auf dem Golfplatz von einem Rottweiler angefallen worden, der sich selbstständig gemacht hatte. Der hat ihn mit einem Wedge mühelos außer Gefecht gesetzt. Man muss natürlich genau treffen. Wen willst du denn ins Jenseits befördern?"

"Betriebsgeheimnis. Das erzähle ich dir vielleicht später einmal."

Danach vertieften sie sich in ihre Bücher, die sie sich in weiser Voraussicht mitgenommen hatten. Alex hatte einen juristischen Wälzer dabei, Jochen seinen Mead über forensische Medizin.

Als Alex nach fast zwei Stunden endlich an der Reihe war, bat er – typisch Jurist – Jochen, ihn ins Arztzimmer zu begleiten.

"Ich fühle mich dann sicherer. Wenn du dabei bist, wird man mich bestimmt nicht als Versuchskaninchen missbrauchen und auf riskante Therapien verzichten. Wenn irgend möglich, möchte ich nicht operiert werden."

Alex' Befürchtungen erwiesen sich als überflüssig. Die Untersuchungen ergaben den gleichen Befund, den Jochen erhoben hatte. Mit dem kleinen Unterschied, dass Alex sich zusammennahm und seine Schmerzensäußerungen auf ein Minimum beschränkte, sodass ihn der Arzt ungestört untersuchen konnte.

Jochen erinnerte sich an die Mahnung, die ihnen fast in jedem Praktikum eingebläut wurde: 'Möglichst keine Verwandten und Freunde untersuchen und behandeln! Das gibt nur Ärger.' Jetzt ahnte er, warum.

Das Röntgenbild ergab zum Glück nur eine 'Grünholzfraktur'. Der Ambulanzarzt, der ihm dies eröffnete, erklärte das nicht weiter, sondern konzentrierte sich gleich auf das weitere Vorgehen.

"Das habe ich ja noch nie gehört. Was haben denn meine Knochen mit Holz zu tun?" Alex schaute Jochen verärgert an, als sie wieder ins Wartezimmer geschickt wurden.

"So nennt man einen unvollständigen Bruch, bei dem die Knochenhaut unverletzt bleibt. Ein junger grüner Zweig kann zwar knicken, wenn man ihn belastet, bricht aber nicht so leicht. Da hast du noch Glück im Unglück gehabt. Solche Brüche heilen viel schneller. Eigentlich kommen sie überwiegend bei Kindern vor."

"Und wieso kann dein Kollege das nicht gleich erläutern? Wenn ein Patient weiß, worum es geht, kann er doch auch besser die Behandlung verstehen und richtet sich danach."

"Das kostet zu viel Zeit, aber kein Arzt wird dir eine Antwort verweigern, wenn du fragst, was dir unklar ist."

"Bevor einem bewusst wird, dass man eigentlich nichts verstanden hat, steht man doch schon wieder draußen vor der Tür."

"Es gibt ja auch noch das Internet."

"Ja, toll. Die Informationen sind meist total verwirrend und zum Teil widersprüchlich: fünfzig Webseiten, hundert Meinungen."

"Da ist was dran", gab Jochen zu.

"Aber im Ernst: Wie soll man sich als Laie da zurecht finden?"

"Na ja, bei Wikipedia gibt es meist recht verlässliche Informationen. Und da sind auch noch die Webseiten von den Fachgesellschaften."

"Die wimmeln aber auch nur so von Fachausdrücken."

"In letzter Zeit gibt es auch immer mehr Informationen für Betroffene und Laien."

"Die sind aber sehr lückenhaft, vor allem wenn sie auf den Erfahrungen einzelner Betroffener beruhen."

"Bleibt nur noch ein Mediziner, den man zum Freund hat."

"Fünf Freunde – zehn Meinungen", grinste Alex, "die Katze beißt sich in den Schwanz."

"Die Kritik kommt aus berufenem Munde! Ihr Juristen macht es doch auch nicht besser. In eurem Paragrafen-Dschungel findet sich kein Mensch zurecht. – Aber was dahinter steckt, ist doch klar: Sonst könnte ja jeder mitreden. So eine Geheimsprache hat schon ihre Vorteile. Wir Mediziner versuchen, mit den vielen Fachausdrücken den Patienten

Respekt einzuflößen. Das haben wir auch dringend nötig, weil wir noch nicht einmal eine Erkältung vernünftig behandeln können. – Leider haben wir einige Saboteure unter uns wie den Dietrich Grönemeyer oder den Kabarettisten von Hirschhausen. Die wollen unbedingt erreichen, dass die Patienten alles verstehen, was passiert. – Geradezu abartig. Die Droge Arzt verliert dann ja völlig ihre Wirkung", meinte Jochen ironisch und fuhr fort: "Aber ihr Golfer legt ja auch Wert auf euer Fachchinesisch. Holz, Eisen, Wedge. Damit kann kein normaler Mensch etwas anfangen. Morgen habe ich das bestimmt alles wieder vergessen. Der Begriff 'Schläger' würde mir reichen."

Alex' Bein wurde in einer Gipsschiene ruhig gestellt. Er sollte am Montag wiederkommen, wenn sich die Schwellung zurückgebildet hatte. Vielleicht konnte er dann schon mit einem Gehgips versorgt werden.

Kapitel 18

Jochen brachte Alex wieder ins Duisberghaus zurück und übergab ihn in Charlys Obhut, weil er sich für 12 Uhr mit Daniel, dem Badminton-Crack aus dem zweiten Stock, verabredet hatte. Der hatte ihm vor Kurzem begeistert von Speed-Badminton erzählt und ihn neugierig darauf gemacht.

"Du liebst doch auch schnelle Ballspiele. Hast du nicht mal Lust auf was Neues?"

Dafür war Jochen immer zu haben.

"Na, wieder nüchtern", spielte er auf den Freitagmorgen an, als er Daniel abholte.

"Ja, ja, meine Leber ist gut trainiert. Heute revanchiere ich mich für die frühe Störung gestern Morgen. Ich mache dich beim Speed-Badminton fertig", grinste Daniel ihn an. "Und was hast du über Dr. Kiefer rausgekriegt?"

"Donnerwetter, dass du das bei deinem Suffkopf noch behalten hast! Du hattest ihn ganz gut eingeschätzt: Ein Arschloch, wie es im Buche steht. Aber mit dem Mord an Melzing hat er wahrscheinlich nichts zu tun."

Die Sporthalle am Uni-Stadion war samstags bis zum spä ten Nachmittag für Badminton reserviert.

Sie gingen an den anderen Spielfeldern vorbei. Das Feld für Speed-Badminton war in die hinterste Ecke der Halle verbannt. Es war schließlich eine Randsportart.

Plötzlich blieb Jochen wie vom Donner gerührt stehen. Sein Herz machte einen Sprung. Auf dem mittleren Badmintonfeld spielte Schwester Steffi, von der er sich tags zuvor mit sehr gemischten Gefühlen verabschiedet hatte, gegen zwei

Spielerinnen. Sie hatte eine perfekte Technik und spielte im Gegensatz zu ihren Gegnerinnen, die den Ball nach Art des Schwimmbad-Federballs mehr übers Netz schubsten als schlugen, sportlich kraftvoll. Das hätte er ihr gar nicht zugetraut. Aber er kannte sie ja auch nur von der Arbeit auf der Intensivstation. Mit gezielten Schlägen hielt sie ihre beiden Gegnerinnen mühelos in Schach, ohne sich zu verausgaben. Als sie ihn erkannte, winkte sie ihm unbeschwert und fröhlich zu. Sie erschien ihm ganz anders als auf Station. Er winkte in gleicher Weise zurück und blieb wie gebannt stehen. Nur galt sein Blick jetzt nicht mehr ihrem überlegenen Spiel, sondern ihren kecken Brüsten, die – vom Sport-BH gebändigt – durch das maisgelbe knappe T-Shirt gut zur Geltung kamen, und ihrem festen Po, der sich unter den eng anliegenden Hotpants abzeichnete. Die muskulösen Oberschenkel waren prädestiniert für den Sport. Das waren keine Storchenbeine wie die ihrer Gegnerinnen, die sicher im Minirock eine gute Figur machten, aber für richtigen Sport, der schnelle Sprints oder einen kraftvollen Ausfallschritt erforderte, untauglich waren. Er konnte die Augen kaum von ihr wenden. Erotik und Dynamik zugleich. Hoffnung keimte in ihm auf. Vielleicht konnte er ihr hier beim Sport näher kommen.

"Komm' schon", drängte Daniel. "Willst du Frauen gucken oder Badminton spielen?"

Jochen riss sich von dem reizvollen Anblick los. Sah man ihm seine Stielaugen so deutlich an? Er folgte Alex schnell auf das Spielfeld für Speed-Badminton.

Auf den ersten Blick sah das ganz merkwürdig aus. Durch weiße Linien waren zwei Quadrate von etwa fünf mal fünf Metern markiert, die nicht durch ein Netz, sondern durch einen Zwischenraum von etwas mehr als 10 Metern getrennt waren. Daniel erklärte Jochen kurz die Spielregeln: "Als Angreifer muss man wie beim Badminton den Ball im Spielfeld auf den Boden des gegnerischen Feldes bringen. Das Zwischenfeld und der Bereich außerhalb der Quadrate, gelten als Aus. Und - schau mal … ", er reichte ihm einen Ball: „Die Bälle, so genannte 'Speeder', sind kleiner und fast doppelt so schwer wie normale Badmintonbälle. Sie haben vorne an der Kappe kleine Mulden. Deshalb fliegen sie viel schneller und weiter. Man muss sich erst dran gewöhnen. Eigentlich braucht man auch etwas kürzere Schläger, aber für heute reichen meine Badminton-Schläger. Du hast ja kräftige Arme."

Sie wärmten sich mit lockerem Laufen und einigen Dehn- und Kräftigungsübungen auf. Die Spieler auf den Nachbarfeldern schauten verwundert zu ihnen herüber. Unter den Hobbysportlern war das nicht üblich. Auch einen interessierten Blick von Schwester Steffi fing Jochen auf. Sie war offenbar neugierig, wie er sich beim Sport anstellte.

Dann schlugen sie sich etwa zehn Minuten lang locker ein, bis Jochen sich an den Ball und das eigenartige Spielfeld gewöhnt hatte.

"Geht besser, als ich dachte", meinte er erleichtert.

"Ja, gut so. Man merkt, dass du schon öfter Badminton gespielt hast", lobte Daniel. "Dass kein Netz da ist, macht die Sache einfacher und das Spiel schneller. Aber das ist ja der Witz daran."

Und dann ging es richtig zur Sache. Daniel schaltete einen Gang hoch und hetzte Jochen, der sich so gut wehrte, wie es ging, hin und her. Ab und zu gelang es ihm sogar, Daniel in Bedrängnis zu bringen. Nach einer Viertelstunde waren beide schon ordentlich durchgeschwitzt. Sie machten eine kurze Pause, in der Daniel sich über die weiteren Spielregeln ausließ, damit sie um Punkte spielen konnten. Inzwischen hatten sich die anderen Badminton-Spieler aus der Halle an ihrem Spielfeldrand eingefunden und neugierig zugeschaut, darunter auch Steffi. Jochen hatte das gar nicht mitbekommen, weil er unter dem druckvollen Spiel seines Gegners meist in Bedrängnis war und alle Hände voll zu tun hatte, einigermaßen mitzuhalten.

"Was spielt ihr denn da für ein komisches Spiel, Daniel?" fragte Steffi interessiert. Die beiden kannten sich offenbar vom Badminton her.

Jochen schaute neiderfüllt auf Daniel. Andererseits freute er sich, dass sie mit ihnen in der unter Sportlern selbstverständlichen Weise Kontakt aufnahm. Das war ein Terrain, auf dem er sich sicher fühlte.

"Hallo Steffi, ich wusste ja gar nicht, dass du so gut Badminton spielst", sagte er leichthin. Sie lächelte ihn an, dass sein Herz schneller schlug. Flirtete sie mit ihm? Jedenfalls erschien sie ihm gar nicht mehr so unnahbar wie auf der Intensivstation.

"Keine Kunst. Ich bin schon seit der Jugend im Verein. Frag' Daniel. Ich hatte ja keine Ahnung, dass du außer Geradeaus-Rudern im Sport noch etwas machst."

"Ja, ich mag eigentlich alle Sportarten. Daniel hat mich heute mal zum Speed-Badminton überredet."

"Dafür hast du gut mitgehalten", lobte sie und wandte sich an Daniel: "Und wie wird nun beim Spiel gezählt?" Als Vereinsspielerin interessierte sie natürlich die Match-Praxis.

"Ganz einfach. Jeder Ballwechsel führt zu einem Punkt. Alle drei Aufschläge wechselt das Aufschlagsrecht. Ein Satz geht bis 16. Bei 15 : 15 wird verlängert, bis ein Spieler zwei Punkte Vorsprung hat."

Im ersten Satz hatte Jochen keine Chance. Beim zweiten kam er schon auf 11 Punkte, zuletzt zwang er Daniel sogar einmal in die Verlängerung. Die Zuschauer hatten sich nach und nach wieder verloren und sich wieder ihrem eigenen Spiel zugewandt.

"Danke für den Crashkurs, tolles Spiel", bedankte sich Jochen bei Daniel für die Einführung, als die Stunde zu Ende war.

"Hat Spaß gemacht. Du hast ein gutes Auge, reagierst schnell und hast eine ordentliche Reichweite. Ich habe selten jemand erlebt, der sich so schnell auf das Spiel eingestellt hat."

"Ich habe ja auch einen guten Lehrmeister gehabt", gab Jochen das Lob zurück.

"Geh'n wir noch Einen trinken?"

"Ja klar, du bist wohl bange, dass dein Alkoholspiegel zu stark absinkt?" Jochen kam wieder auf ihren üblichen Umgangston zurück. "Geh doch schon mal vor. Ich komme gleich nach. Ach, und lass mir doch einen Schläger da."

Daniel hatte begriffen, er nickte verständnisvoll. "Viel Glück."

Jochen hatte gesehen, wie Steffi und die zwei anderen Mädchen auch ihr Spiel beendet hatten und ihre Sportsachen zusammen packten.

"Machen wir noch ein paar Schläge? Oder bist du schon zu kaputt?"

Steffi, die sich gebückt hatte und gerade ihren Schläger in der Hülle verstauen wollte, richtete sich überrascht auf.

"Ja, gern", sagte sie erfreut. "Bisher habe ich mich nicht sonderlich anstrengen müssen. Du wirst mich sicher stärker fordern als meine Gegnerinnen von heute." Jochen freute sich wie ein Schneekönig, dass sie auch jetzt, wo sie unter sich waren, automatisch beim Du blieb.

Sie begannen mit hohen weiten Grundschlägen, streuten ein paar Stopps ein und gingen dann wechselseitig zum

Schmettern über, so dass er Zeit hatte, sich wieder auf das normale Badmintonspiel und die veränderte Flugbahn des Balles einzustellen.

"Das ist doch was anderes als mit den Tussis", freute sich Steffi, "und zum Schluss noch einen Satz?" fragte sie und fügte provozierend hinzu, "oder hat Daniel dich schon alle gemacht?"

"Für einen Satz reicht es noch."

Sie nahm eine Münze aus der Tasche: "Ums Aufschlagrecht! Bei Zahl gewinne ich, bei Kopf verlierst du."

Er wollte schon zustimmen, sah aber gerade noch rechtzeitig den Schalk in ihren Augen.

"Bei Zahl gewinne ich, bei Kopf verlierst du", wiederholte er langsam, über jedes Wort nachdenkend, bis ihm dämmerte, dass sie ihn hinters Licht führen wollte. Eine Steffi, die zum Jux aufgelegt war. Auch das war für ihn neu.

"Du bist ja ein richtiges Schlitzohr."

"Du bist der Erste, der gleich gemerkt hat, was dahinter steckt", gestand sie lächelnd. "Sonst bin ich immer damit durchgekommen."

"Natürlich darfst du trotzdem als Erste aufschlagen. Alter vor Schönheit."

"Du Charmeur. Na warte. Das wirst du noch bereuen."

Es wurde ein packendes Spiel: Was sie ihm an Spielerfahrung voraus hatte, glich er durch Schnelligkeit und Kraft weit gehend aus. Manchmal verzweifelte sie geradezu, wenn er wieder einen guten Schmetterschlag zurückgebracht hatte. "Du bist ja wie eine Gummiwand", rief sie ihm zu.

Aber am Schluss hatte sie doch die Nase vorn. Ein Netzroller entschied die Partie zu ihren Gunsten.

"Schönheit und Technik vor Kraft und Länge", korrigierte er seine frühere Aussage und gratulierte ihr lächelnd.

"Aber für einen Hobbyspieler warst du echt gut. Am Schluss hatte ich das Glück auf meiner Seite", erwiderte sie.

Inzwischen war es um sie herum still geworden. Alle waren schon gegangen, um noch Besorgungen zu machen. Erst gegen zwei Uhr würde sich die Halle wieder füllen. Sie trennten sich vor den Duschräumen.

"Sehen wir uns gleich noch?" fragte Jochen hoffnungsvoll.

"Okay, wer zuerst fertig ist, wartet auf den anderen."

Er beeilte sich mit dem Duschen. Als er sich abtrocknete, hörte er sie durch die dünnen Wände eine Melodie summen. War das nicht 'Pretty Woman', der Titelsong aus dem Film mit Julia Roberts und Richard Gere, von dem er und seine damalige Freundin sich verzaubern ließen? Er überließ sich ein Weilchen den romantischen Erinnerungen, während er weiter zuhörte. Dann folgte er einem spontanen Impuls, schlang sich sein großes buntes Surfhandtuch um und ging, sonst nur bekleidet mit seinen dunkelblauen Badelatschen, nach nebenan. Der Umkleideraum war leer. Steffi war noch unter der Dusche und hatte sich gerade das Shampoo aus den Haaren gewaschen.

Mit ihren nassen Haaren und leicht dunklem Teint erschien sie ihm wie eine Meeresgöttin, die gerade den Fluten entstiegen war. Sie schaute ihn überrascht, aber keineswegs erschreckt an, als er so plötzlich vor ihr stand.

"Hast du dich verlaufen?" fragte sie mit spöttischem Unterton in der Stimme.

"Wie schön du bist", sagte er, ohne darauf einzugehen, tupfte ihr zärtlich mit seinem Handtuch das Gesicht ab und küsste sie. Sie erwiderte den Kuss, als hätte sie schon lange darauf gewartet. Sie legte ihre Hände auf seine nackte Brust, nicht um ihn abzuwehren, sondern um seine gut ausgebildeten Brustmuskeln zu fühlen und zu streicheln.

"Du fühlst dich gut an",

"Nichts als Muskeln und Samenstränge", sagte er kühn. Aber sie kannte den Sportlerspruch wohl schon und lachte.

"Lass mal sehen", sie griff nach unten. "Tatsächlich mindestens einen fühle ich ganz deutlich."

Als sie nach unten sanken, schaffte sie es gerade noch, sein Surfhandtuch unter sich zu ziehen, bevor sie auf den harten Fliesen landeten.

"Scheiße, ich habe gar nichts dabei", murmelte Jochen noch mit dem letzten Rest Vernunft.

"Macht nix, ich nehme die Pille", flüsterte sie.

Dann versanken sie im Rausch.

Sie stellten sich anschließend noch einmal gemeinsam unter die warme Dusche und hielten sich eine Weile eng umschlungen,

"Fühlst du dich jetzt als Sieger?" fragte sie verschmitzt lächelnd.

"Haben wir nicht beide gewonnen?" fragte er zurück. "Allerdings hattest du den härteren Part."

"Stimmt, jetzt merke ich das erst richtig." Sie rieb sich die malträtierte Hinterfront. "Ich glaube, wir sollten uns allmählich anziehen, bevor die Nächsten kommen."

Jeden Moment konnten die Spielerinnen hereinschneien, die um zwei Uhr ein Spielfeld reserviert hatten. Zum Abtrocknen nahmen sie ihr Handtuch, das noch trocken am Haken hing.

"Kommst du nachher noch mit zu mir? Ich föhne mir nur noch die Haare."

"Von dieser Einladung habe ich lange geträumt." Er war selig. Gestern fühlte er sich noch abserviert und heute schwebte er auf Wolke sieben.

Gerade als Jochen die Tür zur Männer-Umkleide öffnete, trudelten die ersten Mädchen ein, um sich umzuziehen. Das war knapp.

Sie gingen gemeinsam auf den Parkplatz, wo er seinen Smart abgestellt hatte. Wie ein Mahnmal stand die Sporttasche von Daniel auf dem Dach. Nur seinen zweiten Badminton-Schläger hatte er sicherheitshalber mitgenommen. Er hatte darauf gesetzt, dass an seinen schweißdurchtränkten stinkenden Klamotten kein vernünftiger Mensch Interesse haben konnte. Jochen verstaute die Taschen übereinander in seinem Kofferraum.

"Donnerwetter, ich hätte nicht gedacht, dass zwei große Sporttaschen da hinten rein passen", staunte Steffi.

"Wenn's sein muss: auch noch ein Bierkasten", grinste Jochen "Wo steht denn dein Wagen? Hast du nicht einen gelben Ford Ka?"

"Richtig. Du bist gut informiert. Der steht zu Hause. Ich bin zu Fuß hier, ich wohne ja gleich um die Ecke: 'Am Grün'. Das ist die Straße an der Lahn entlang."

"Ich weiß. 'Klein Venedig'. Eine tolle Wohngegend. Inzwischen ist Marburg meine zweite Heimat geworden." Er griff sich ihre Sporttasche.

Sie sträubte sich erst dagegen, sagte dann aber: "Ausnahmsweise, weil heute ein besonderer Tag ist. Sonst bin ich Frau genug, meine Sachen selbst zu tragen."

"Davon bin ich überzeugt. Aber ich fühle mich heute bärenstark. Dich könnte ich auch noch tragen."

"Das traue ich dir ohne weiteres zu", meinte sie und hob abwehrend die Hände. "Aber wir müssen's ja nicht gleich übertreiben. Du wirst heute noch gebraucht."

"Ist das eine Drohung oder ein Versprechen?"

Lächelnd verschwand sie, ohne zu antworten, in einem kleinen Lebensmittelgeschäft und brachte ein gegrilltes Hähnchen und für jeden einen kleinen Salat mit. "Ich habe heute noch Nachtschicht", erklärte sie. "Da ist mir die Zeit zum Kochen zu schade. Ich hoffe, du bist einverstanden?"

"Klar. Um so mehr Zeit haben wir für uns. Ich muss leider um halb fünf schon zum Krafttraining. Immer wenn am Wochenende kein Rennen ist, erwartet mich mein Trainer im 'Physicum'. Das ist das Fitnessstudio in der Untergasse."

"Dann haben wir nur noch zwei Stunden für uns."

Steffi hatte eine hübsch eingerichtete Altbau-Wohnung im zweiten Stock mit zwei Zimmern, Küche und Bad. Jochen half, den Tisch im Wohnzimmer zu decken. Dort stand ein Couchtisch, dessen Rahmen mit einem dunklen korbholz-ähnlichen Kunststoffgeflecht verkleidet war. Das wirkte sehr gemütlich. Zum Essen setzten sie sich nebeneinander auf die rote Couch. Von dort aus hatte man einen freien Blick auf die Lahn knapp oberhalb des Wehrs. Trotz des Nieselwetters, das immer noch anhielt, hatten sich einige Touristen nicht davon abhalten lassen, mit Tret- und Paddelbooten die Lahn zu erkunden. Gewarnt von einem Schild machten sie rechtzeitig vor dem Wehr kehrt.

Nachdem Jochen den Ausblick gebührend bewundert hatte, sprach er aus, was ihn schon die ganze Zeit beschäftigt hatte.

"Wieso jetzt auf einmal?" fragte Jochen. "Gestern war ich noch am Boden zerstört, weil du beim Abschied so distanziert warst. Ich dachte, es sei alles vorbei, noch bevor es angefangen hatte."

"Du meinst, warum ich mich jetzt auf dich einlasse?" fragte Steffi zurück.

Jochen nickte und schaute sie erwartungsvoll an.

"Du kannst mir glauben, das war für mich die schwierigste Zeit in meinem Leben. Du hast mir schon von Anfang an gefallen. Aber solange du bei uns gearbeitet hast, warst du tabu für mich. Du weißt ja, ich bin als Stationsschwester für den ganzen pflegerischen Bereich verantwortlich. Als du weg warst und fest stand, dass du nicht mehr wiederkommen würdest, hat mir das Herz geblutet", sagte Steffi leise. "Aber ich konnte nicht anders. Ich bin sehr streng erzogen worden. Mein Vater war Pfarrer. Da gingen immer die Bedürfnisse der anderen vor. Und wenn er mal Zeit hatte, hat er an seiner Doktorarbeit gesessen, die er nie fertig gekriegt hat." Das klang bitter.

"Ich bin konvertiert, ich bin Heide", sagte Jochen vergnügt, um sie wieder in eine andere Stimmung zu bringen. "Pfarrer sind mir nur noch durch einen Vers im Duisberghaus in Erinnerung: *Der Pfarrer aus Emden, der stärkt seine Hemden – im eigenen Samen. Halleluja! Amen.*"

Steffi lachte befreit auf.

"Ihr Studenten, habt nur das Eine im Kopf. Du bringst mich ganz aus dem Konzept. – Jedenfalls mit dir, das wäre Sex mit einem Abhängigen gewesen. Ich glaube, das ist sogar strafbar. Und ich habe mir auch immer gesagt, du bist sowieso zu jung für mich", gestand Steffi.

"Glaubst du das wirklich? Morgens nach dem Nachtdienst fühle ich mich immer uralt. Du dagegen siehst immer so jung aus und bist so quicklebendig, dir scheint die Nachtschicht nichts anhaben zu können."

Steffi freute sich über das Kompliment: "Danke für die Blumen. Ja, mir macht Nachtdienst nicht so viel aus. Ich habe mich ganz gut daran gewöhnt. – Jedenfalls als du dich dann endgültig verabschiedet hast, habe ich schon geahnt, dass du mir fehlen würdest. Gestern Abend habe ich wegen der verpassten Chance sogar geweint. Was musste ich dumme Kuh mir auch unbedingt einen Liebesfilm anschauen. Aber meine Freundin Sigi hatte mich zu sich eingeladen und eine DVD aufgelegt.

"Lass mich raten: Ihr habt euch 'Pretty Woman' angesehen."

"Stimmt, woher weißt du das?"

"Irgendwie hat man dir das an der Nasenspitze angesehen."

"Nein, ehrlich?"

Jochen lachte "Beim Duschen habe ich dich die Melodie summen hören."

"Und das hast du gleich als Einladung angesehen? Von wegen Bordsteinschwalbe und so."

"Nein, ehrlich nicht. Aber es hat in mir die gleichen romantischen Gefühle ausgelöst wie bei dir. Sonst wäre ich bestimmt nicht rübergekommen."

Nach dem Essen kuschelten sie noch ein Weilchen, genossen das prickelnde Gefühl der Berührungen und schliefen dann ein, Jochen auf dem Rücken liegend, sie seitlich an seine Brust geschmiegt, die Rechte auf seinem Herzen, als wollte sie es festhalten.

Er wachte schon nach einer Viertelstunde gut erholt auf und genoss den Augenblick. Wie lange hatte er sich danach gesehnt, mit Steffi zusammen zu sein! Unwillkürlich seufzte er auf. Sie erwachte. Noch etwas verschlafen fragte sie: "Ist was?"

"Nein, nichts Besonderes, ich habe nur vor Glück geseufzt."

"Und das ist für dich nichts Besonderes?" Sie hob den Kopf und küsste ihn zärtlich auf den Mund. Dann wanderte ihre Lippen an seinem Hals nach unten, über seine Brust zu den Bauchmuskeln, die sie bewunderte:

"Toller Waschbrettbauch", murmelte sie zwischen den Küssen. "So etwas wünsche ich mir auch."

"Mir sind deine weichen Rundungen lieber."

"Männer!" tat sie verächtlich "von der Mutterbrust geeicht." Aber natürlich freute sie sich, dass er ihre Figur bewunderte.

"Och, ich mag auch Spitzes, zum Beispiel hier", er küsste ihre Brustwarzen "oder hier", er berührte ihre Beckenkammspitze mit seinen Lippen, "die Spina iliaca anterior superior, poetischer Name, findest du nicht?"

"Ich glaube, du denkst gerade an etwas anderes als an Poesie."

Steffi spürte seinen neuerlichen Tatendrang.

Sie setzte sich auf ihn und beugte sich vor, um ihn erneut zu küssen. Dann genossen sie die nächste Welle der Erregung, die sie überrollte.

*

"Was, schon so spät?" Jochen schaute auf die Uhr. "Warum vergeht immer die Zeit so schnell, wenn man so glücklich ist?" Jochen wühlte in den Taschen seiner Jeans nach dem Handy und rief seinen Trainer an. "Hallo, Herr Berger, hier Jochen Haller. Bitte entschuldigen Sie. Ich komme ein paar Minuten später. Leider gab es einen Stau."

Hinter seinem Rücken gluckste Steffi vor Lachen: "Welchen Stau meinst du? Ich dachte, den hätten wir gerade beseitigt."

"Das brauche ich ihm ja nicht gerade auf die Nase zu binden. Sonst sagt er zu mir: Kaum lernen Sie eine Frau kennen, schon gerät alles außer Kontrolle."

Als Jochen sich angezogen hatte und verabschieden wollte, sah Steffi ihn forschend an mit einer Spur Unsicherheit. "Und war's das?"

"Du meinst so eine Art 'One-Day-Stand'? Du hast offenbar schon schlechte Erfahrungen mit Männern gemacht."

"Hängt wohl damit zusammen, dass ich immer wieder auf einen Mediziner reinfalle. Die meisten haben die Treue nicht gepachtet. Ich rechne jetzt einfach immer mit allem. Wir hatten einen schönen Nachmittag. Du musst ja nicht unbedingt damit hausieren gehen", sagte sie vorsichtig, immer noch misstrauisch.

Jochen nahm sie in die Arme und küsste sie zärtlich auf den Mund. "Ja, es war ein wunderbarer Nachmittag. Der schönste, den ich je erlebt habe. Am liebsten würde ich das in die ganze Welt hinausposaunen. Aber nicht, um dich zu kompromittieren. Ich liebe dich und würde dich am liebsten nie wieder loslassen. Schon als ich dich zum ersten Mal gesehen habe, dachte ich, das ist die Frau fürs Leben", sagte er ernst.

Ihr strahlendes Lächeln belohnte ihn. "Sagst du das jeder?" Sie bedeckte sein Gesicht mit Küssen und schob ihn dann resolut von sich.

"Jetzt aber los. Dein Trainer wartet. – Kommst du morgen Nachmittag zum Kaffee? Ich weiß nicht, wie anstrengend der Nachtdienst wird. Aber ein paar Stunden Schlaf brauche ich.

Sonst hast du keine Freude an mir. Und abends muss ich ja wieder zum Dienst."

"Ich wollte, es wär' schon morgen."

Kapitel 19

Vom Glücksgefühl beschwingt eilte Jochen zum Parkplatz am Uni-Stadion. Bevor er losfuhr, schaute er noch einmal aufs Handy. Jens Rückert hatte ihm eine Nachricht auf die Mailbox gesprochen.

"Schade, dass ich dich nicht gleich erreiche. Melde dich so bald wie möglich. Ich habe Neuigkeiten für dich."

Er erreichte den Kommissar im Büro. Offenbar wurde er zu Hause von niemandem erwartet. Keine Frau oder Freundin. Ein einsamer Wolf bei der Verbrecherjagd! Er kannte nichts als seine Arbeit, und er selbst suhlte sich in seinem Glück. Jens Rückert tat ihm leid.

"Hallo Jens, hier Jochen. Ich war beim Badminton und konnte deshalb nicht früher zurückrufen." Die halbe Wahrheit tat es auch.

"Schön, dass du dich meldest. Ich habe gerade die Ergebnisse aus der Gießener Rechtsmedizin. Du wirst staunen: Keiner der Golfschläger passt zum Winkel der Verletzung an Melzings Schädel. Der war übrigens nicht ganz so einfach zu bestimmen, wie wir uns das gedacht hatten, weil es sich um einen so genannter Terrassenbruch handelt. Hatte ich noch nie von gehört. Du?"

"Nee, ich auch nicht. Und hast du dich aufklären lassen?"

"Na klar, wer nicht fragt, stirbt dumm. Man nennt das Terrassenbruch, wenn die Bruchfläche durch mehrere Stufen unterbrochen ist. Der Winkel kann dann nur grob geschätzt werden"

"Und?"

"Professor Vosswinkel meint: so etwa 50 Grad."

"Der Vosswinkel ist wirklich genial. Er hält in Marburg eine Blockvorlesung über Rechtsmedizin. Die ist echt spannend. Er berichtet dann immer von seinen Gutachten zu aktuellen Straftaten. Zum Praktikum müssen wir dann leider nach Gießen fahren, weil es hier keine Gerichtsmedizin gibt."

"Ja, früher hatten wir hier auch ein Institut für Rechtsmedizin. Aber es ist dann den Sparmaßnahmen der Landesregierung zum Opfer gefallen", bedauerte Rückert.

"Ja, das Uni-Klinikum hat sie auch verschachert. Die scheint das Geld lieber für Schlösser auszugeben", schimpfte Jochen. "Übrigens, das heißt ja, wenn der Winkel der Schädelfraktur mit keinem der Schläger übereinstimmt, muss der Täter den Schläger beiseite geschafft oder mitgenommen haben."

"Messerscharf geschlossen! Fragt sich jetzt wer und wie. Sieht ganz so aus, als kämen wir um eine Hausdurchsuchung bei Hofmeisters am Montag nicht herum."

Der Hinweis auf den fehlenden Golfschläger löste bei Jochen einen Gedankenblitz aus, der in einer – seiner Meinung nach – großartigen Idee mündete.

"Vielleicht gibt es noch eine andere Möglichkeit. Ich hab' da so eine Idee. Ich muss jetzt zum Krafttraining. Aber dann könnte ich bei dir vorbeischauen. Wird aber wahrscheinlich halb neun werden."

"Macht nichts. Ich bin sowieso allein. Du kannst zum Abendessen kommen. Bin schon sehr gespannt, was du auf Lager hast. "

"Lass dich überraschen."

Jetzt kam es auf ein paar Minuten mehr auch nicht mehr an. Berger, der im 'Physicum' auf ihn wartete, musste sich noch etwas gedulden. – Jochen fuhr zum Duisberghaus und schaute bei Alex herein.

"Na, wie geht's?"

"Eigentlich prima. Bin bestens versorgt. Ständig schaut jemand herein und fragt nach meinen Wünschen. So schön verwöhnt wurde ich lange nicht mehr. Es ärgert mich nur, dass ich morgen das Golfturnier sausen lassen muss. Für den Sieg waren immerhin fünftausend Euro ausgelobt."

"Na, du nagst ja nicht gerade am Hungertuch. Zur Not füttern wir dich mit durch. Apropos Golf. Würdest du mir mal einen Satz Schläger ausleihen? Ich besuche heute Abend jemanden, der interessiert sich dafür."

"Kein Problem. Ich kann jetzt doch nichts damit anfangen. Du weißt ja, wo du die Golftasche findest. Kommst du nachher noch einmal vorbei? Vielleicht brauche ich für die Nacht noch mal das Teufelszeug, Valoron, oder wie das heißt."

*

Das Krafttraining war für Jochen lästige Pflicht, während Berger es als unerlässlichen Bestandteil des wöchentlichen Trainings ansah. Und leider hatte er immer neue Ideen, von denen er sich noch ein bisschen mehr Gewinn für seinen Schützling erhoffte.

Das einzige, was Jochen dabei tröstete, war, dass sich sein Trainer zusammen mit ihm quälte, um halbwegs fit zu bleiben.

Als Jochen im 'Physicum' eintraf, hatte Berger sich schon auf dem Laufband warm gelaufen. Schweißtropfen liefen ihm über's Gesicht.

"Da sind Sie ja endlich, Jochen. Ich dachte schon, Sie wollten sich drücken. Also ran an den Feind! Wenn Sie Ihr übliches Programm absolviert haben, melden Sie sich wieder bei mir. Dann versuchen wir etwas Neues, was die Schnellkraft in Ihrer Oberschenkelmuskulatur steigern soll. Beim nächsten mal wollen Sie doch Ihren Gegnern nicht wieder hinter her fahren, denke ich."

Damit packte er Jochen beim Ehrgeiz, was beträchtlich zu seiner Motivierung beitrug. Eineinhalb Stunden später hatte er es geschafft. Die neue ungewohnte Übung hatte seine Oberschenkel ganz schön beansprucht. Er hatte das Gefühl, dass seine Beine weich wie Pudding waren. Anschließend gingen beide noch für einen Gang in die Sauna, um die Muskulatur und sich selbst zu entspannen.

Berger hatte seine Fassung wieder gefunden. Seine Eltern und er hatten tatkräftig bei den Vorbereitungen von Jasmins Beerdigung geholfen. Er hatte dann Verpflichtungen in Marburg vorgegeben, um den Beerdigungsfeierlichkeiten zu entgehen.

"Stundenlange Trauerreden von Pfarrer und Vorsitzenden aller Vereine vom Turnverein bis zur Freiwilligen Feuerwehr. Hofmeisters waren sehr aktiv, und Jasmin hat – so lange sie konnte – überall mitgemacht. Dann kommt das große Fressen und Saufen. Von Trauer und Anteilnahme keine Spur mehr. Das ist nichts für mich."

Für Sonntagmorgen hatten Bergers Eltern die Hofmeisters und ihre engsten Verwandten zu einem Brunch eingeladen, um Hofmeisters zu entlasten. Danach würde allmählich wieder Ruhe einkehren.

"Am Montagnachmittag soll, wenn es keine anderen Spuren gibt, bei Hofmeisters eine Hausdurchsuchung stattfinden", informierte ihn Jochen seinerseits. "Mehr Zeit konnte ich nicht herausschinden. Die Kripo steht selbst unter Druck. Eine Chance gibt es nur, wenn es eindeutige Hinweise auf Hofmeisters Unschuld gibt. Nach Ansicht des Hauptkommissars wäre es hilfreich, wenn man so bald wie möglich seine Fingerabdrücke zur Verfügung hätte, um sie mit den bisher nicht identifizierten in der Pathologie abzugleichen."

"Wie kann ich helfen?" Berger sah ihn fragend an.

"Könnten Sie ein Glas oder eine Tasse mitbringen, die Herr Hofmeister benutzt hat, am besten in einem unbenutzten Frischhaltebeutel eingepackt?"

"Das dürfte kein Problem sein. Ich fahre morgen früh zurück nach Nieder-Ohmen, um meinen Eltern beim Brunch zu helfen. Abends bin ich dann wieder in Marburg, um Vorbereitungen für die Woche zu treffen. Reicht das?"

"Das wäre prima. Ich komme dann so gegen acht bei Ihnen vorbei, wenn es Ihnen recht ist."

"In Ordnung."

*

Anschließend ging Jochen zu seinem Floh, um die Golfschläger zu holen. Er hatte ihn am alten Institut für Leibesübungen, kurz IfL genannt, am Anfang der Barfüßerstraße, in einer freien Ecke abgestellt. Hier kannte er jeden Winkel. Er hatte in der kleinen Halle des IfL zwei Semester lang ohne Bergers Wissen am Boxtraining für Hobbysportler teilgenommen. Boxen hatte ihn immer schon interessiert. Für ihn war das eine Art Fechten ohne Degen. Man brauchte eine gute Kondition, um ein paar Runden durchzuhalten, und gute Reaktionen, dazu die richtige Mischung aus konsequenter Deckung und präzisen Attacken. Eigentlich hatte ihm das viel Spaß gemacht. Aber eines Tages hatte sein Gegner seine Nase erwischt, obwohl sie gehalten waren, möglichst nur Körpertreffer zu landen. Berger, dem die geschwollene Nase natürlich nicht entgangen war, hatte ihm dringend ans Herz gelegt, mit dem Boxen aufzuhören.

"Man kann nicht zwei Herren dienen", hatte er – leicht angesäuert – gemahnt und hinzugefügt: "Da kann auch Schlimmeres passieren." Damit spielte er auf die gelegentlichen Todesfälle an, die bekannt geworden waren. Vor allem hatte er an seine Eitelkeit appelliert: "Sie wollen doch nicht ständig mit einem ramponierten Gesicht rumlaufen."

Jochen nahm die Golftasche mit den Schlägern aus dem Kofferraum und machte sich auf den Weg zu Rückerts Wohnung. Zum Haspelgäßchen war es nicht weit. Der Hausherr empfing ihn im Treppenhaus, nachdem Jochen sich über die Rufanlage angemeldet hatte.

"Du siehst wie ein Golfprofi aus."

"Ja, vielleicht sollte ich immer so rumlaufen, damit ich die Leute beeindrucke."

"Hast du das denn nötig?"

"Was tut man nicht alles, um Punkte bei den Frauen zu sammeln."

"Ja, das ist ein Thema für sich, viel zu schwierig für einen leeren Magen." Jens Rückert ließ sich nicht weiter darüber aus. Seine Erfahrungen mit dem anderen Geschlecht schienen nicht die besten zu sein.

Er hatte schon alles für das Abendessen vorbereitet und im Wohnzimmer gedeckt. "Ist dir ein 'Strammer Max' recht?"

"Ja, gern, gehört zu meinen Lieblingsspeisen." Jochen war gespannt, wie Jens ihn zubereiten würde.

"Wenn ich allein bin, esse ich meist in der Küche. Aber heute machen wir es uns im Wohnzimmer gemütlich. Nimmst du auch ein alkoholfreies Bier?"

"Perfekt, Alkohol würde mich jetzt nach dem Training und der Sauna umhauen."

Was Rückert so gemütlich nannte! Jochen konnte sich ein Lächeln nicht verkneifen, als er unwillkürlich die nüchterne Einrichtung mit der von Steffi verglich, während sein Gastgeber das Bier aus dem Kühlschrank holte.

Was Steffi jetzt wohl machte? Ein Glücksgefühl durchströmte ihn, als er an sie und den herrlichen Nachmittag dachte, den er mit ihr verbracht hatte.

"Das Eigelb fest oder flüssig?" rief Jens Rückert aus der Küche und riss ihn aus seinen Gedanken. "Flüssig, bitte!"

Jochen nahm das Wohnzimmer genauer in Augenschein. Er fand es immer interessant, wie sich die Menschen einrichteten. Zwei pflegeleichte Alcantara-Sessel, eine moderne ausziehbare Couch mit ovalem Couchtisch aus Teakholz und ein dazu passendes solides Bücherregal vom Boden bis zur Decke nahm einen großen Teil des Raums ein.

Beim Stöbern in den Büchern fand er vorwiegend Sachbücher mit Spezialgebieten der Kriminologie, der Gerichtsmedizin, der Psychologie, aber auch – zu Jochens Überraschung – der Philosophie. Darunter ein großer Band über 'Religionen der Welt' und ein brandaktuelles Buch über Philosophie, von dem er schon ein paar Mal gehört hatte, Prechts 'Wer bin ich – und wenn ja, wie viele?'.

Ein Regalfach daneben war voll von Büchern, die sich mit Kampftechniken, vor allem mit Karate, befassten. So weit Jochen wusste, war das nicht nur die Kunst der Selbstverteidigung mit Händen und Füßen, sondern auch der Schulung der Selbstdisziplin, verbunden mit philosophischem Gedankengut. Das passte zu Rückerts Interessen.

Zwei Reihen von Karl-May-Bänden oben unter der Decke schienen mehr Kindheitserinnerungen zu sein. Ohne Hocker oder Leiter waren sie nicht erreichbar. Im anderen Teil des Zimmers stand ein gut aufgeräumter Schreibtisch mit edel aussehendem rotbraunen Echtholz-Furnier und mattsilberner Tischleuchte. Ein zugeklapptes Notebook ließ erkennen, dass der Kommissar den modernen Medien gegenüber durchaus aufgeschlossen war. Der zugehörige Laser-Drucker war auf einem Beistelltisch untergebracht. Zwei praktische Rollcontainer links mit zwei großen abschließbaren Fächern rechts und fünf kleinen Schubladen links boten genügend Platz für alle Schreibutensilien. Wahrscheinlich war in einem der abschließbaren Fächer auch Rückerts Dienstwaffe untergebracht, die er sonst nirgendwo entdeckte.

Die musste er sich unbedingt einmal zeigen und erklären lassen. Mit Waffen hatte Jochen bisher nichts zu tun gehabt. Das Höchste der Gefühle war ein Luftgewehr auf der Kirmes gewesen, das er mit mäßigem Erfolg eingesetzt hatte, um für seine damalige Freundin einen Plüschbären zu ergattern. Wahrscheinlich wäre es billiger gewesen, ihn in einem Spielwarengeschäft zu kaufen. Aber der geschossene Bär machte natürlich mehr Eindruck.

Der Fernseher daneben auf einem rollbaren Tischchen war noch von etwas älterer Bauart. Mehr interessierte Jochen der alte Plattenspieler in der Ecke mit einer ansehnlichen Schallplattensammlung, meist Jazz, aber auch Chris de Burgh und Elvis Presley. Die häufig vertretene Meinung, dass man in der Musik entweder dem Rhythmus oder Inhalt und Melodie huldigte, wurde hier eindrucksvoll widerlegt. In der Ecke daneben sah Jochen ein Saxofon blinken. Sieh an, der Herr Kommissar hatte auch eine musische Ader. Jochen war beeindruckt von der Vielseitigkeit seiner Interessen.

Aus der Küche drang jetzt schon ein würziger verheißungs-voller Geruch, der Jochen das Wasser im Munde zusammen laufen ließ. Um sich noch ein bisschen abzulenken, nahm er sich den Precht aus dem Regal und las sich in die Einleitung ein. Er fand es eine gute Idee, dass der Autor auf eine systematische Darstellung der Philosophie verzichtete und dem Leser den Zugang zu der schwierigen Materie durch die Darlegung einzelner hoch interessanter Thesen erleichterte. Vielleicht würde Jens ihm das Buch mal ausleihen.

"Es ist so weit", unterbrach ihn Rückert zwei dampfende Teller in der Hand. Der 'stramme Max' war mit zwei Spiegeleiern auf rohem Schinken und kurz angetoastetem Bauernbrot zubereitet. Dadurch bekam das Gericht eine herzhafte Note. Viel Salz und Pfeffer waren nicht mehr nötig. Dazu gab es Gewürzgurken und Tomaten in Scheiben geschnitten, auf einem kleinen Teller Zwiebelstückchen, keine Soße. Das war eine Variante, die Jochen noch nicht kannte, die ihm aber sehr gut schmeckte. Danach gab es noch Körnerstangen mit Butter und Käse, einen würzigen Torten-Brie und einen Tilsiter. Der abschließende Espresso aus einer etwas altmodischen Maschine mit Rotationstechnik war überraschend schaumig und kräftig.

"Du wolltest mir etwas zeigen?" erinnerte Rückert ihn nach dem Essen.

"Ja, ein verletzter Kommilitone hat mich drauf gebracht. Dem hat man ein gebrochenes Bein damit geschient. Und nun schau her."

Er steckte sich einen der Golfschläger von oben in das rechte Hosenbein seiner Jeans und machte ein paar Schritte hin und her. "Fällt dir etwas auf?"

"Na klar: Du hinkst, als hättest du dir das rechte Bein verletzt", sagte Rückert nachdenklich. "Ich glaube, ich weiß, worauf du hinaus willst. Unser Unbekannter in der Pathologie!"

"Genau. Ich glaube, dass er auf diesem Wege den Golfschläger rausgebracht hat."

"Da können wir lange nach Fingerabdrücken suchen", sagte Rückert nachdenklich. "Wenn das stimmt, brauchen wir nur noch diesen Mann zu identifizieren."

"Genau. Nach Aussage der beiden Zeugen: Im Blaumann, hinkend, entweder mittelgroß oder etwa meine Größe."

"Auf die Größenangaben würde ich mich nicht verlassen. Du weißt ja, wie unzuverlässig Zeugenaussagen sind!"

"Egal welche Körpergröße. Weißt du, was mich so froh macht?"

"Du wirst es mir gleich sagen."

"Dann kann es eigentlich nicht Herr Hofmeister, der Vater von Jasmin, gewesen sein. Der war ja seriös in dunklem Anzug gekleidet", Jochen strahlte.

"Ich würde es dir und ihm gönnen. Aber freu dich nicht zu früh. Es ist noch nichts bewiesen. Wir wissen ja noch nicht sicher, ob der Mann im Latzanzug tatsächlich den Golfschläger auf dem von dir vermuteten Weg transportiert hat?"

"Vielleicht hat ihn ja sogar jemand in die Pathologie reingehen sehen, ohne dass er gehinkt hat", hoffte Jochen. "und beim Rauskommen müsste ihm dann eine Gehbehinderung aufgefallen sein. Da gab's doch noch ein paar Kurzurlauber, die etwas gesehen haben könnten."

"Sonst hast du keine Wünsche?" spottete Rückert. "Jedenfalls lohnt es sich, dieser Frage nachzugehen. Da wird sich Olli freuen, dass er wieder seines Amtes walten kann. Leute ausfragen ist seine Lieblingsbeschäftigung. Das kann er vom

Schreibtisch aus machen. Kaffee und Kuchen sind nicht weit. Ich bin lieber auf Achse."

Damit war das Programm für den nächsten Arbeitstag schon geklärt.

Jochen hatte noch eine gute Idee: "Hast du einen Winkelmesser?" fragte er.

"Müsste unter meinen alten Schulsachen sein. Die habe ich hier in der untersten Schublade." Rückert trat an seinen Schreibtisch und zog die Schublade heraus, an der zwar ein Schlüssel steckte, die aber nicht verschlossen war. Er schob seine Dienstwaffe zur Seite, die inmitten des Krimskrams lag und dadurch gut getarnt war. Es dauerte eine Weile, aber dann fand er eine kleine halbmondartige Plastikscheibe, auf der die Gradeinteilung nur noch mit Mühe auszumachen war. "Nicht optimal, aber für unsere Zwecke könnte sie reichen." Er reichte sie Jochen, der seine Einschätzung mit einem Nicken bestätigte.

"Die 45 Grad-Markierung ist gerade noch zu erkennen. Daran kann man sich orientieren." Lass uns doch mal schauen, was da in Frage kommt?"

Sie holten nacheinander die Schläger aus der Golftasche heraus und projizierten den Winkel der Schlägerköpfe auf einzelne DINA4-Blätter. Die meisten hatten deutlich kleinere Winkel. Zumindest bei der Auswahl der Schläger, die Jochen dabei hatte, schien nur ein Sandwedge in Frage zu kommen, mit dem man die Bälle aus dem Sand oder morastigen Boden schaufeln konnte.

Danach unterhielten sie sich noch ein wenig über persönliche Dinge.

"Ich habe im Bücherregal die Bücher über Karate gesehen. Machst du das immer noch, oder war das nur eine vorübergehende Phase?"

"Nee, nee. Ich bin schon dabei geblieben, aber bei meinem Beruf ist es schwer, am Ball zu bleiben. Ich versuche, mindestens einmal die Woche zu trainieren."

"Vielleicht kannst du mich ja bei Gelegenheit als Gast mitnehmen. Es würde mir Spaß machen, euch mal beim Training zuzuschauen."

"Kein Problem. Wir haben öfter Zuschauer. Manch einer entschließt sich dann, bei uns mitzumachen. Offenes Training ist am Montagabend."

"Den wievielten Dan hast du eigentlich?"

"Den dritten. Mehr wird es leider nicht mehr werden. Dazu trainiere ich nicht mehr intensiv genug."

"Das ist aber schon ganz gut, glaube ich."

"Ja, es geht", meinte Rückert selbstkritisch. Jochen spürte, dass in ihm noch der Ehrgeiz schwelte, mehr zu erreichen. Er freute sich schon auf den Ausflug in eine neue Welt. Jens war sicher ein guter Lehrmeister.

"Und die Karl Mays im Regal. Liest du noch darin?"

"Nee, nee. Ist nur eine schöne Erinnerung an meine Kindheit. Fairness und Gerechtigkeitssinn seiner Helden waren für mich immer Vorbild."

"Ja, kann ich verstehen, und spannend geschrieben hat er auf jeden Fall." Auch Jochen hatte im Alter von acht bis zwölf Jahren die Abenteuer der Protagonisten Karl Mays, Winnetou und Old Shatterhand, verschlungen. Später waren ihm dann die erfundenen, vor Eigenlob triefenden Reiseerlebnisse des Autors zu rechtschaffen und penetrant religiös gewesen.

"Hat dich der christliche Fanatismus in seinen Büchern nicht gestört?"

"Erst, als ich die Konfirmation hinter mir hatte und nicht mehr am Religionsunterricht teilnehmen musste. Zum Glück konnten wir ab der achten Klasse an der Schule wählen zwischen Philosophie und Religion."

"Donnerwetter, wo gab es das denn? Davon konnte ich an meiner Schule nur träumen."

"An einem Gymnasium in Bremen. Wir hatten einen sehr kritischen Philosophielehrer, der streng der Logik und Ethik verpflichtet war. Mit dem Christentum hatte der gar nichts am Hut. Und das Thema Staatsreligion konnte ihn regelrecht auf die Palme bringen. Nur das soziale Engagement der Christen hat er anerkannt. Bremen hat – glaube ich – als erstes Bundesland mit dem obligatorischen Religionsunterricht Schluss gemacht und mit dem Ethikunterricht angefangen."

"Und was meinte dein Lehrer zu den anderen Religionen?" fragte Jens gespannt, weil ihn dieses Thema auch schon lange beschäftigte.

"Seine stehende Redensart war: 'Der Aberglauben ist weit verbreitet'. Eine Vorstellung wie Wiederauferstehung oder Wiedergeburt war für ihn absurd. Tot ist tot, meinte er."

"Und hat dich das beeindruckt?"

"Kann man wohl sagen. Am Anfang hatte ich noch Zweifel. Dann kamen meine ersten Berufserfahrungen. Ich habe zu viel Böses gesehen. So viele Menschen werden unschuldig getötet oder gequält. Da noch an einen lebendigen Gott zu glauben, erscheint mir sehr optimistisch. Ich bin dann aus der Kirche ausgetreten. Und was ist mit dir?"

"Bei mir waren es mehr Patienten wie Jasmin, die mich zur Besinnung gebracht haben. Dass Menschen, vor allem unschuldige Kinder, nach langem Siechtum einen frühen schweren Tod erleiden, kann kein Gott wollen. Natürlich wäre es tröstlich zu wissen, dass es ein höheres Wesen gibt, das sich um jeden einzelnen Menschen kümmert. Aber das ist reines Wunschdenken. Da nutzen alle so genannten Gottesbeweise nichts."

"Ja, da kann man gleich besser Grimms Märchen lesen. Da weiß man, woran man ist."

Als Jochen sich verabschiedete, fragte er Rückert nach dem Precht. Die letzten Kapitel über Glücksgefühle und den Sinn des Lebens interessierten ihn besonders.

"Klar. Leih' ich dir gern aus. Mach' nur nicht den Fehler, ihn wie ein Buch zu lesen. Da muss man sich Thema für Thema vornehmen und verdauen."

Bevor er ins Bett ging, wollte Jochen Alex noch mit Valoron versorgen, falls er es brauchte. Aber der schlief schon fest und wachte auch nicht auf, als Jochen die unverschlossene Tür vorsichtig öffnete und durch einen Spalt ins Zimmer lugte. Offenbar waren die Schmerzen weitgehend abgeklungen.

Kapitel 20

Am Sonntagmorgen wachte Jochen voller Tatendrang auf und vertrieb sich die Zeit mit einer lockeren Jogging-Runde um den Dammelsberg und einem ausführlichen Schwatz in der Küche, wo sich auch Alex eingefunden hatte. Dem ging es inzwischen wieder so gut, dass er aufmüpfig wurde, das angebotene Müsli verweigerte und Jochen bei den anderen als 'Drogendealer' anschwärzte. Jochen raffte sich anschließend auf, sein Zimmer aufzuräumen. Das war schon lange fällig. Die Zeit wollte und wollte nicht vorübergehen.

Voller Ungeduld machte er sich um 11 Uhr zu Fuß auf den Weg zu Steffi. Auf den Treppen hinunter zum Forsthof, dem wichtigsten sportlichen Konkurrenten unter den Studentenwohnheimen, spürte er bei jeder Stufe den gewaltigen Muskelkater in den Oberschenkeln. Die ungewohnte Schnellkraftübung vom Vortag im 'Physicum' hatte ihre Spuren hinterlassen.

Er besorgte in einem Blumenladen in der Barfüßerstraße eine voll erblühte rote Rose. Beim Bäcker hatte er Glück. Der wollte gerade schließen, weil sich das Geschäft nicht mehr lohnte. Um die Zeit waren normale Bürger schon in der Kirche und die meisten Studenten noch nicht auf den Beinen. Er bekam die letzten Fitnessbrötchen aus Roggenmehl und nahm noch die Spezialität des Hauses, Russischen Zupfkuchen, mit, eine Leckerei aus Schokoladenstreusel, Quark, Butter und vielen Eiern.

Die Gutenbergstraße hinunter war er in gut fünf Minuten an der Lahn, die er am altersschwachen Hirsefeldsteg Richtung Uni-Stadion überquerte. Renovierung oder Abriss des Stegs wurde in Marburg seit Monaten heiß diskutiert. Jochen hatte Für und Wider vor allem durch die Sportstudenten im

Duisberghaus mitbekommen, die den Steg häufig benutzten. Den meisten war die marode Holzbrücke zu eng. Sie ärgerten sich immer, wenn sie gezwungen waren, vom Fahrrad abzusteigen, weil sie auf dem Weg zum Stadion einer Familie mit Kinderwagen begegneten. Die historischen Aspekte kümmerten die meisten Studenten wenig.

Von einer Bank am Trojedamm, auf der gegenüberliegenden Lahnseite, hatte er einen wunderschönen Blick auf 'Klein-Venedig', aufs Landgrafenschloss und viele historische Gebäude der Oberstadt. Vor allem konnte er sofort sehen, wann sich die dunkelroten Vorhänge in Steffis Wohnung bewegten, die als Blick- und Lichtschutz dienten, weil es keine Rollos oder Fensterläden gab.

Es regnete schon wieder. Aber das machte ihm in seiner Hochstimmung nichts aus. Für ihn war die Welt in Rosarot getaucht. Er hatte die Kapuze seines regendichten Parka über den Kopf gezogen und genoss die Ruhe. Das Regenwetter hatte den Vorteil, dass er das Lahnufer fast für sich allein hatte. Nur wenige Touristen aus der nahen Jugendherberge rafften sich auf, um sich vor dem Mittagessen die Marburger Oberstadt anzuschauen.

Endlich war es so weit. Er sah Steffi, in einen türkisfarbenen Bademantel gehüllt, kurz auf den kleinen Balkon treten. Er winkte, aber sie reagierte nicht darauf. Wind und Regen trieben sie gleich wieder zurück in die schützende Wohnung.

Er musste sich zwingen, ihr noch eine Viertelstunde Zeit zu gönnen. Mehr ließ seine Ungeduld und Vorfreude nicht zu. Natürlich stand er schon fünf Minuten früher an der Haustür. Die Warterei machte ihn ganz mürbe. Zum Schluss kamen ihm Bedenken, ob er überhaupt willkommen war. Vielleicht hatte sie nach dem Nachtdienst wieder ihre alte distanzierte Haltung und wollte nichts mehr von ihm wissen. Er klingelte mit einem flauen Gefühl im Bauch.

Aber als er ihr strahlendes Gesicht sah, während sie ihn – immer noch in den flauschigen Bademantel gehüllt – an der Wohnungstür erwartete, wusste er, dass alles gut war.

Durch die Sitzpause auf der Bank waren die strapazierten Oberschenkelmuskeln wieder kalt geworden. Er quälte sich wie ein alter Mann mit steifen Beinen die Treppen hoch.

"Hast du dich verletzt?" fragte sie besorgt, noch bevor er bei ihr angelangt war.

"Nein, nein, nur ein bisschen Muskelkater vom Krafttraining."

Er überreichte ihr die Rose. "Eine Schöne für die Schönste."

Sie lachte: "Ein solcher Spruch am Morgen – vertreibt Kummer und Sorgen", und küsste ihn zärtlich. Es tat so gut, wieder ihre Lippen zu spüren. Das letzte Mal schien ihm schon eine Ewigkeit her.

"Wie war der Dienst?" fragte Jochen.

"Recht abwechslungsreich, aber ganz okay. Sonst hätte ich noch länger geschlafen."

"Da habe ich ja Glück gehabt. Ich bin vor Ungeduld schon fast umgekommen. Hier, ich hoffe, du magst Fitness-Brötchen?"

"Super, mit Mohn oben und Sonnenblumenkernen unten. Da freue ich mich schon drauf. Sonst hätte es heute nur Müsli gegeben."

"Das hatte ich heute schon. Zum zweiten Frühstück wollte ich mal was anderes haben. Ist schließlich Sonntag."

"Stört dich mein Aufzug?"

"Keine Spur. Sieht so schön kuschelig aus. Dann hast du nachher nicht so viel auszuziehen", sagte er munter.

"Meinst Du? Aber jetzt gibt's erst mal Frühstück", gab sie sich streng. "Der Kaffee läuft schon durch."

"Wieso bist du eigentlich Krankenschwester geworden?" fragte er später, als sie beim Frühstücken waren. "Du hättest doch Medizin oder etwas anderes studieren können. Dein Vater hat doch als Pfarrer genug verdient."

"Ich hab's zu Hause einfach nicht mehr ausgehalten", erklärte Steffi. "Meine Mutter hat sich zwar mit einem Minimum an Engagement an der Gemeindearbeit beteiligt, um nach außen die Form zu wahren. Aber eigentlich gab es für sie nur Haushalt, soweit er unumgänglich war, ihr Blumenbeet vor dem Haus und das Legen von Patiencen. Sonst hat sie sich um nichts gekümmert, schon gar nicht um meine Geschwister und mich. Mit sechzehn habe ich mich zusammen mit einer Freundin bei der Krankenpflegeschule beworben und bin zum Glück gleich angenommen worden. Ich bin dann gleich im Schwesternwohnheim untergekommen. Meine Eltern waren froh, dass sie mich auf anständige Art los waren. Sie heimsten dafür von der Pfarrgemeinde und den Nachbarn sogar Lob ein. Das war für sie das Wichtigste. Und ich hatte mein eigenes Leben."

"Du Ärmste!" bedauerte Jochen sie und nahm sie liebevoll in die Arme "Da hattest du ja nichts zu lachen. Ich hatte es viel besser. Mein Vater war zwar kaum da, aber meine Mutter hat sich liebevoll um mich gekümmert, und für meinen Großvater war ich der Kronprinz, dem er jeden Wunsch erfüllt hat. Nur das Sportstudium hat er mir ausgeredet."

"Ausgerechnet ich muss an ein verwöhntes Einzelkind geraten", seufzte Steffi.

"Ja, denk' daran. Mir darf man keinen Wunsch abschlagen. Das verkrafte ich sonst nicht."

Nach dem Frühstück räumten sie gemeinsam ab.

"Aufwaschen kann ich später. Leider muss ich um vier schon wieder auf Station sein. Es ist jemand erkrankt. Den Dienst habe ich mir mit einer Kollegin geteilt. Machen wir es uns drüben gemütlich." Steffi schloss Fenster und Balkontür, damit es nicht zog. "Und nun kriegst du erst einmal eine vernünftige Massage, damit du den Muskelkater schneller los wirst. Mach' dich schon mal nackig und leg dich auf den Bauch. Ich komme gleich."

Er zog sein rotes Sweatshirt aus, während sie das Bett für die Massage herrichtete. Darunter hatte er ein dunkelblaues Tankshirt an, das seine Bizepsmuskulatur gut zur Geltung brachte.

"Tolle Bällchen! Da steckt sicher viel Training dahinter." Sie unterbrach ihre Vorbereitungen und befühlte im Vorbeigehen die Oberarmmuskeln bewundernd, die er nun extra anspannte, um ihnen noch mehr Volumen zu geben.

"Nichts im Vergleich zu deinen", gab er zurück und schielte sehnsüchtig auf die beiden Wölbungen unter dem Bademantel.

"Nichts da, erst die Arbeit, dann das Vergnügen." Steffi ging ins Bad, um das Massageöl zu holen. Jochen entledigte sich seiner Jeans, behielt aber die Boxershorts in einem Anflug von Genierlichkeit an.

"Runter mit der Buxe", sagte sie betont forsch, während sie den Bademantel ablegte. Darunter trug sie nur ein dünnes schwarzes Shorty aus Seide und ein rotes Hemdchen mit Spaghetti-Trägern.

"Du weißt ja , das habe ich alles tausend mal gesehen. Leg dich auf den Bauch."

"Ja, Schwester Steffi", sagte er und tat gehorsam, was sie anordnete.

Dann legte sie los: Das Ausstreichen, bei dem sie gleichzeitig das Öl verteilte, war noch angenehm. Danach ging es weiter mit Kneten, Durchwalken und kleinen kreisenden Bewegungen, die ihn anfangs vor Schmerzen aufstöhnen ließen. Aber Steffi kannte kein Pardon:

"Stell dich nicht so an, da musst du durch."

Das anschließende Klopfen mit den Fingern und die Vibrationen mit der flachen Hand waren schon besser erträglich. Am Schluss folgte wieder das Ausstreichen, das fast schon ein Streicheln war.

Allmählich trat durch die verbesserte Durchblutung und Entspannung der Muskulatur die gewünschte wohltuende Wirkung ein.

Gerade, als er begann, die Massage zu genießen, bekam er einen Klaps auf den Po und den Befehl: "Und jetzt rumdrehen." Alles ging wieder von vorne los.

Der vierköpfige Muskel an der Vorderseite des Oberschenkels, Quadriceps, war völlig verkrampft und wurde ausgiebig bearbeitet. Später wurde die Massage wieder erträglich, am Schluss verabreichte Steffi zur Belohnung erneut Streicheleinheiten.

Sie war ganz aus der Puste und ließ sich neben Jochen aufs Bett fallen.

"Das hast du ja richtig professionell gemacht", staunte er.

"Gelernt ist gelernt. Ich habe mal einen Kurs für Sportmassage mitgemacht."

Während sie noch verschnaufte, meinte er. "Jetzt bin ich an der Reihe, dir etwas Gutes zu tun. Es ist dir doch klar, dass ich dich nach dem gestrigen Match unter der Dusche einer gründlichen Untersuchung unterziehen muss. Von den harten Fliesen musst du ja voller blauer Flecken sein."

Er streifte ihr das Hemdchen und das Seidenshorty ab und besah sich den Schaden.

"Tatsächlich, übersät mit blauen Flecken. Das sieht ja wie nach Folter aus. Tut mir leid", bedauerte er sie.

"Das habe ich gerne: Erst Unheil anrichten und dann … ." Der Rest der Beschwerde ging unter in wohligem Schnurren "Hmmm, das tut gut."

Er streichelte ausführlich Rücken und Po und überschüttete ihre Kehrseite mit Küssen.

Dann drehte er sie zu sich herum und küsste ihre Brüste.

"Sexy, dieser weiße Bikini mit den braunen Spitzchen."

"Eigentlich träume ich von einer nahtlosen Bräune. Ich surfe meist schon ein gutes Stück weg von Marburg auf einem Baggersee in der Nähe von Kirchhain. Aber selbst da laufen noch viele Patienten und Ärzte rum. Bisher habe ich es noch nicht gewagt, 'oben ohne' zu sonnen."

"Wieso auch? Gefällt mir so viel besser. Alles braun – ist doch langweilig. Aber wenn du darauf Wert legst, musst du mal mit zum Gardasee kommen. Es ist herrlich, dort zu surfen. Der Wind ist zu bestimmten Tageszeiten sehr konstant, anders als die tückischen Winde auf den Baggerseen. Da kann man an den richtigen Stellen am Strand ohne Oberteil sonnen."

"Du surfst auch? Das ist ja toll. Ich bin gespannt, was wir noch gemeinsam machen können."

"Ooch", dehnte Jochen und grinste anzüglich. "Ich wüsste schon etwas."

"Ach das, hatten wir das nicht schon?" meinte Steffi gespielt gleichgültig.

"Man muss ja auch in Übung bleiben. Beim Badminton ist es ja auch nicht mit einer Trainingsstunde getan."

"Wenn du meinst …. ."

Danach genossen sie die zunehmende Vertrautheit der Berührungen und schliefen eng umschlungen ein.

*

Nachdem sie sich schweren Herzens voneinander verabschiedet hatten, stürmte Jochen beschwingt von der Vorfreude auf das Wiedersehen am Montagabend den Schlossberg hinauf zum Duisberghaus. Die vielen Treppenstufen kamen ihm vor wie federnde Startblöcke, die ihn von allein nach oben katapultierten. Jetzt wäre ihm sogar ein Treppenrennen das Empire State Building in New York hinauf wie ein Kinderspiel vorgekommen.

Er schaute kurz im Aufenthaltsraum vorbei. Aber da hingen nur ein paar vom trüben Wetter mitgenommene Gestalten ab, die lustlos in den herumliegenden Zeitungen blätterten. Das waren nicht gerade die Gesprächspartner, die er suchte.

Auch in der Küche auf dem dritten Stock war nichts los. Typisch Sonntagnachmittag. Da war höchste Rücksichtnahme angesagt. Viele hatten ihre Freundinnen mit auf dem Zimmer. Die Küche würde sich erst gegen Abend füllen.

Jochen stöberte ein wenig im Buch von Precht, das er von Jens Rückert ausgeliehen hatte, und blieb schließlich beim Thema 'indirekte Sterbehilfe' hängen. Es war beruhigend, bestätigt zu bekommen, dass man – wo nötig – Schmerzen bei Patienten mit allen verfügbaren Mitteln dämpfen konnte, ohne dass man sich strafbar machte.

Das wäre mal ein gutes Thema für ihren kleinen Lese-Klub, den ihr Haustutor einmal im Monat organisierte. Sie waren zwar nur eine kleine Gruppe. Aber es war immer spannend, wenn die Studenten der unterschiedlichen Fachrichtungen ihre Positionen aus verschiedenen Blickwinkeln darlegten. Jochen war der einzige Mediziner. Sonst waren Politik-, Soziologie-, Theologie-, Jura- und Germanistik-Studenten vertreten. Vielleicht konnte er Jens Rückert dazu bewegen, aus seiner Sicht über das Thema zu referieren. Sie luden öfter Gäste ein. Ein Kriminalhauptkommissar war bisher nicht dabei gewesen.

Dann raffte er sich auf, ein bisschen zu arbeiten. Am Montagmorgen würde ein Blockkurs über Krankenhaushygiene stattfinden, auf den er sich vorbereiten musste. Das war zwar nicht gerade sein Lieblingsthema. Aber er wusste, wie wichtig es war, der Verbreitung von Bakterien vorzubeugen, die gegen viele Antibiotika unempfindlich waren, so genannte multiresistente Keime. Das konnte selbst für Patienten mit sonst harmlosen Krankheiten lebensgefährlich werden.

Danach hatte er das Gefühl, er müsse sich dringend bewegen. Er zog Trainingssachen und Turnschuhe an und ging hinunter in den großen Saal, wo die Semesterabschlussfeten stattfanden. Ansonsten stand er für alle möglichen Aktivitäten zur Verfügung. An der Fensterfront entlang waren ein paar Fitnessgeräte für den Hausgebrauch aufgestellt, unter anderem ein Ski-Langlauftrainer auf Rollen, auf den er es abgesehen hatte, falls sich nichts Besseres fand. Durch kräftigen Einsatz von Armen und Beinen kam man dabei gut ins Schwitzen. Nicht gerade die Aktivität, die ihn begeisterte, aber besser als gar nichts.

Aber er hatte Glück. Er brauchte sich nicht lange mit dem Gerät abzuquälen. Fünf Hausbewohner kamen mit Tischtennisschlägern herein und wollten sich die Zeit mit 'Rundlauftischtennis' vertreiben. Selbst Michael, ein TT-Bundesligaspieler, war sich nicht zu schade dafür. Hier ging es weniger um Leistung als um den Spaß, den sie dabei hatten. Die Teilnehmer spielten miteinander, indem sich jeder nach einem erfolgreichen Schlag auf der anderen Seite des Tisches einreihte. Wer einen Fehler machte, schied aus. Wenn nur noch zwei Spieler übrig waren, wurde ein kleiner Endkampf über 5 Punkte ausgetragen, bei dem jedes Mal das Aufschlagsrecht wechselte. Dann raste die Meute wieder um den Tisch.

Das war besser als Ski auf Rollen. Jochen holte schnell seinen Tischtennis-Schläger aus dem Zimmer und stürzte sich

ins Vergnügen. Er schaffte es, viermal gegen Michael ins End-
spiel zu kommen. Aber mehr als zwei bis drei Punkte waren
gegen den nie drin, obwohl er nur locker aufspielte.

Dann verkrümelten sie sich einer nach dem anderen, weil
sie noch etwas vorhatten. Auch Jochen musste ja noch zu
Berger, der die Fingerabdrücke von Jasmins Vater besorgen
wollte.

Er ging zu Fuß, da Berger in der Oberstadt wohnte. Die
Stiebelsgasse war ein Nebengässchen der Wettergasse, in der
Nähe des Marktplatzes. Sie gehörte zur Fußgängerzone und
damit zum Trampelpfad der Touristen. Aber Jochen profitier-
te auch jetzt wieder vom Dauerregen. Er nahm die Abkür-
zung zum Marktplatz, die von der Ritterstraße die Treppen
hinab vorbei an der Lutherischen Pfarrkirche mit dem schie-
fen Turm, über die Nikolaistraße führte. Sie war gesäumt von
vielen historischen Gebäuden, die er als heimisch geworde-
ner Student allerdings nicht mehr zur Kenntnis nahm.

Jochen war schon früher einmal bei seinem Trainer gewesen, als er ihn wegen eines Defekts an seinem Wagen auf
dem Weg zum Bootshaus abholen sollte. Damals war er gar
nicht erst in die Wohnung gelangt, weil Berger schon zur Ab-
fahrt bereit an der Tür stand und keine Zeit verlieren wollte.
Das war jedenfalls die offizielle Version. Jochen hatte damals
den Verdacht, dass Berger ihn bewusst auf Abstand halten
wollte.

Heute war davon nichts zu spüren. Er nahm Jochen den
Parka ab und bat ihn freundlich ins Wohnzimmer, wo er offensichtlich gerade am Schreibtisch gesessen hatte.

"Nehmen Sie noch einen Moment Platz." Er rückte ihm einen Sessel heran. "Tut mir sehr leid, ich kann morgen das

Training nicht leiten. Ihr müsst morgen ohne mich auskommen. Ich bin gerade dabei, die Trainingspläne für Sie und den Vierer fertig zu machen. Meine Eltern sind nach dem Brunch für die Familie Hofmeister fix und fertig gewesen. Sie brauchen morgen noch einmal meine Unterstützung. Übrigens hier ist das Glas von Herrn Hofmeister."

"Super, dass Sie bei all dem Trubel daran gedacht haben. Übrigens ich habe auch eine gute Nachricht für Sie."

Erwartungsvoll schaute Berger, der ihm gerade noch seinen Trainingsplan erläutern wollte, auf.

"Es gibt einen Hinweis darauf, dass vielleicht jemand anders der Täter war, nicht Jasmins Vater. Wenn sich das bestätigt, bräuchte man das ganze Theater mit der Hausdurchsuchung nicht mehr."

"Das wäre fantastisch. Meine Eltern, die mit ihren Nachbarn mitleiden, würden sich riesig darüber freuen. Sie machen sich schon große Sorgen."

"Vielleicht können Sie ja eine Andeutung fallen lassen. Völlige Gewissheit gibt es aber noch nicht."

"Jeder Hoffnungsschimmer in dieser Richtung ist Gold wert. Ich werde gleich versuchen, sie zu erreichen. Apropos, was die morgige Trainingseinheit für Sie angeht. Es gibt ja noch einiges zu tun. Aber ich glaube, die meiste Zeit lassen Sie immer beim Start liegen. Da müssen wir in nächster Zeit ansetzen. Deshalb hatte ich auch beim Muskeltraining am Samstag viel Wert auf die neue Schnellkraftübung gelegt."

"Das hat mir einen ganz schönen Muskelkater eingebracht", gestand Jochen und dachte. 'aber auch eine wunderbare Massage'.

"War vielleicht etwas zu viel für den Anfang. Das zeigt aber, dass wir auf dem richtigen Weg sind. Da haben Sie Nachholbedarf."

Fünf Minuten später war Jochen bei Rückert. Vorsichtig holte er das Glas von Herrn Hofmeister aus der geräumigen Tasche seines Parkas.

"Danke, das übergebe ich morgen früh gleich dem Körner von der Spusi. Dein Trainer muss ein sehr gewissenhafter Mensch sein, wenn er trotz der Belastungen noch an solche Dinge denkt."

"Ja, ich weiß, was ich an ihm habe. Er tut immer so beinhart, aber die Anteilnahme an Jasmins Tod und die Loyalität seinen Eltern gegenüber haben mir gezeigt, dass er im Kern weich wie Butter ist. Er könnte Vorbild für Grönemeyers Song 'Männer' gewesen sein."

"Toller Song", stimmte Jens Rückert zu. "Er hat auch 'ne ganze Reihe anderer guter Lieder gemacht".

"Und wie findest du die Stimme?" Jochen war froh, dass sie das Thema wechselten.

"Na ja, schon etwas gewöhnungsbedürftig, aber nicht alle können so eine weiche Stimme wie Chris de Burgh haben. Übrigens – hast du heute Abend schon was vor, oder hast du Lust mit zu unserem Jazz-Abend zu kommen? Wir treffen uns einmal im Monat in der Cavete. Ich verspreche dir auch eine kleine Überraschung."

"Ich komme gern mit. Bin schon gespannt auf euch."

Die Cavete war ein bekannter Jazzkeller im Steinweg. Von da aus hatte er es nicht weit zum Duisberghaus.

Jens Rückert machte Jochen mit seiner kleinen Band bekannt. "Unser erstes männliches Groupie, Jochen Haller", verkündete er locker. Die anderen Bandmitglieder lachten und hießen ihn freundlich willkommen. Sie spielten Keyboard, Bass, und Klarinette.

Die Überraschung war der Bassist. Es war Dr. Wenner, der 'bunte Hund' des Klinikums, der kurz zum Kreis der Verdächtigen gehört hatte, als der Tod der Krankenschwester geklärt werden musste.

"Er ist für unseren Stammbassisten eingesprungen. Der fällt wegen einer Thrombose in den Beinen für längere Zeit aus", erklärte Rückert.

"Jetzt verstehe ich, warum du dich damals selbst um sein Alibi gekümmert hast. Olli und ich haben uns schon gewundert."

"Ja, Bassisten kann man immer gebrauchen. Der Bassist ist für mich die Seele der Band. Wenn der fehlt, ist Holland in Not. Außerdem hat mich seine unkonventionelle Art beeindruckt."

"Stimmt, er ist nicht gerade der typische angepasste Uni-Mediziner. Erwartest du jetzt auch von mir, dass ich mit nackten Füßen in Jesuslatschen herumlaufe?" fragte Jochen spöttisch.

"Nee, würde mir reichen, wenn du Bassspielen lernst."

"Meine Mutter hat schon vergebens versucht, mir das Klavierspielen schmackhaft zu machen. Aber ich habe lieber Fußball gespielt und bin im Wald herumgestromert. Ich kann höchstens Kammblasen. Meine Spezialität sind Pfeifen, Johlen und Beifall klatschen."

"Das ist mindestens genau so wichtig. Was wären wir ohne Applaus."

Positiv überrascht war Jochen von der ungezwungenen gekonnten Manier, mit der sich die Hobbyband präsentierte. Wenn einer von ihnen einen Bekannten im Publikum sah, verließ er, sobald es passte, die kleine Bühne, hielt einen kleinen Plausch und kehrte dann wieder zurück. Die anderen ließen sich davon in keiner Weise stören.

Sie boten eine Mischung aus Jazz, Swing und Blues, die Jochen gut gefiel. Auch ihr Stammpublikum war davon begeistert, wie der häufige Zwischenapplaus zeigte.

"Macht Spaß, euch zu hören und zuzuschauen. Tretet ihr eigentlich auch noch anderswo auf?" fragte Jochen seinen Gastgeber, als der einmal eine Auszeit nahm und sich zu ihm setzte.

"Nur selten", erwiderte Jens Rückert, sichtlich erfreut über das Lob. Wir haben ja alle noch einen Beruf. Aber einmal im Jahr spielen wir im Turmcafé des Kaiser-Wilhelm-Turms. Den wunderbaren Blick über Marburg genieße ich jedes Mal. Leider hat man ihn vor einem Jahr, anlässlich des 700. Geburtstags der heiligen Elisabeth mit einem großen elektrisch beleuchteten Designerherzen verunziert."

"Das muss ich mir unbedingt ansehen, damit ich mir ein Urteil erlauben kann. Mit dem nächsten Besucher gehe ich mal wieder dahin. Den Turm nennen wir Studenten nur 'Spiegelslustturm'. Zuletzt war ich mit einer alten Schulfreundin aus Kassel vor meiner Physikumsprüfung da. Die hat vor allem über die vielen Stufen gestöhnt und sie gezählt. Seitdem weiß ich, dass es hundertsiebenundsechzig Stufen sind – wenn sie sich nicht vertan hat."

"Ich dachte, es soll Pech bringen, wenn man vor einer Prüfung dahin geht."

"Och, ich bin nicht abergläubisch, und ich brauchte nach der Paukerei unbedingt mal etwas Abwechslung. Allerdings habe ich dann doch etwas unruhig geschlafen", gestand Jochen.

"Das wird an der bevorstehenden Prüfung, nicht am Turm gelegen haben", schmunzelte Rückert und gesellte sich wieder zu seinen Mitspielern auf der Bühne.

Um halb zwölf machten sie Schluss, so dass Jochen noch zu einer angemessenen Zeit im Duisberghaus war.

Kurz nach Mitternacht schien ihm auch eine günstige Zeit, mal bei Steffi anzurufen. Da er nicht wusste, wer bei ihr war, musste er aufpassen:

"Hallo, Steffi. Bist du allein?"

"Nein, ich habe gerade tatkräftige Unterstützung beim Richten der Medikamente." Das mahnte ihn zur Zurückhaltung.

"Und wie geht's euch?" Schrecklich war das, wenn man nicht sagen durfte, was man wollte. Er schwor sich, Steffi nie wieder im Dienst anzurufen.

"Ist ganz schön viel los, aber wir kommen zurecht."

"Ich wollte euch nicht stören, sondern nur einen ruhigen Dienst wünschen", und mit leiser Stimme fügte er hinzu "Ich liebe dich. – Auf Russisch heißt das: Ljublju tebjá!": 'Ja' heißt 'da': Ljublju tebjá!"

"Da, da, ljublju tebjá."

Genial, das war der kürzeste und erfolgreichste Sprachkurs der Welt. Gut, dass von der Russisch-AG in der Schule ein paar Brocken hängen geblieben waren. Und sie hatten vorerst ihr Geheimnis bewahrt.

Kapitel 21

Am Montagmorgen, gleich nach dem Frühstück, brachte Rückert das von Jochens Trainer beschaffte Glas zu Körner von der Spusi.

"Aus diesem Glas hat Herr Hofmeister, einer der Tatverdächtigen im Fall Melzing, gestern getrunken. Kannst du, bitte, mal die Fingerabdrücke mit denjenigen aus der Pathologie vergleichen?."

"Natürlich. Willst du gleich hier bleiben? Du gibst sonst ja doch keine Ruhe."

Fünf Minuten später hatte er das Ergebnis: kein Treffer unter den Abdrücken an einem der Golfschläger, am Schreibtisch und an den Regalen. Aber schließlich fand sich unter den Fingerabdrücken von der Tür zwischen Arbeitszimmer und Vorzimmer eine Übereinstimmung. Anhand der Verteilung der Abdrücke von Daumen und Fingern ließ sich erkennen, dass die Abdrücke beim Verlassen des Zimmers zustande gekommen waren. Sie waren teilweise etwas verwischt, so als wären die Finger beim Schließen der Tür sehr rasch bewegt worden.

Vielleicht hatte Herr Hofmeister nur kurz seinem Herzen Luft gemacht und war wieder verschwunden, die Tür hinter sich zuwerfend. Auf jeden Fall war er bei Melzing gewesen und musste eingehend befragt werden. Eine Hausdurchsuchung war kaum noch zu umgehen.

*

Jochen hatte sich durch den Hygiene-Kurs gequält. So wichtig der Inhalt war: Es war eine überaus spröde Materie und der Dozent hatte sich keine große Mühe gegeben, sie methodisch so aufzubereiten, dass sie für die Studenten attraktiver wurde. Ein Highlight zum Schluss war der Auftritt eines Desinfektors, der in voller Montur mit einem gelben Gas demonstrierte, dass die Desinfektion des kleinsten Winkels eines Raums möglich war. Schutzanzug, Atemschutzgerät und monströse Handschuhe: Man glaubte, einen Mann während eines Spaziergangs im Weltraum vor sich zu haben.

Kurz vor drei fand er sich wie verabredet im Sekretariat der Pathologie ein, wo er gleich auf Rückert traf, der sich mit Frau Hainbuch angeregt unterhielt. Ob sich da doch etwas anspann?

"Hallo, Jochen", nahm ihn Rückert gleich in Beschlag. "Schön, dass du so pünktlich bist. Die Golfschläger aus der Gerichtsmedizin sind wieder zurück."

Während sie sich ins Golfzimmer begaben, informierte ihn Rückert:

"Übrigens: Laut Spusi waren die Fingerabdrücke von Hofmeister an der Tür zu Melzings Arbeitszimmer zu finden, allerdings nicht am Schreibtisch oder an einem der Schläger."

"Und, was heißt das?"

"Man kann ihn als Täter nicht ausschließen."

"Oh, Scheiße! Dann kann ich nur hoffen, dass er trotzdem unschuldig ist. Mit der Tür kann er ihn ja nicht erschlagen haben. Und? Habt ihr einen Zeugen gefunden, der gesehen hat, wie der Mann im Blaumann die Pathologie betreten hat oder zum Sekretariat unterwegs war?"

"Nein, bisher nicht. Aber wir bleiben am Ball."

Als erstes überprüften sie noch einmal, auf welchem Weg der Täter bis zu Melzing vorgedrungen sein konnte. Da die Tür zum Sekretariat nicht verschlossen war, konnte er tatsächlich ohne Probleme ins Arbeitszimmer und von dort ins

Golfzimmer gelangt sein, während die Sekretärin zu Tisch war.

Sie versammelten sich im Trainingsraum, um den Tathergang nachzustellen.

"Jochen, stell dich bitte mal zum Abschlag auf."

Jochen nahm die leicht gebeugte Position eines Golfspielers ein und imitierte mit dem 'Driver' einen Abschlag. Dabei zeigte seine linke Schulter Richtung Auffangnetz.

"Dann hätte der Täter hinter ihm gestanden und ihn, wenn er Rechtshänder ist, rechts am Kopf erwischt. Der Schädelbruch war aber an der linken Seite. Das spräche für einen Linkshänder.

Gehen wir zurück ins Arbeitszimmer, wo der Golfschläger aufgefunden wurde." Der Trupp, bestehend aus den Ermittlern, Frau Hainbuch und Jochen, begab sich wieder ins Arbeitszimmer.

"Wenn Melzing am Schreibtisch gesessen hat und dabei angegriffen wurde, hätte er den Schläger normalerweise nicht dabei gehabt",vermutete Rückert.

"Er könnte aber beim Golftraining von einem Telefonat überrascht worden sein", warf die Sekretärin ein. "Dann hätte er vielleicht den Schläger mitgenommen und auf oder neben dem Schreibtisch abgelegt. Das habe ich gelegentlich mitgekriegt."

"Danke für den Hinweis", lobte Rückert. "Aber hätte er dann nicht den Angreifer rechtzeitig sehen müssen und fliehen können?"

"Nicht, wenn er ihm unverdächtig vorkam, oder wenn er sich ihm überlegen fühlte", gab Berner zu bedenken.

"Stimmt. Auf jeden Fall muss der Täter in die Nähe der Golftasche gekommen sein. Denn dort hat er sich ja offenbar den Schläger gegriffen, mit dem er zugeschlagen hat", meinte Jochen. "Nach dem Winkel des Schlägerkopfes war es ja kein 'Driver', mit dem Melzing getroffen wurde."

"Gut, stellen wir uns jetzt ein anderes Szenario vor. Der Täter kommt wutentbrannt ins Zimmer, beschimpft und verfolgt Melzing, der sich zur Garderobe zurückzieht und den Golfschläger zum Schutz aus der Tasche zieht. Der Angreifer entreißt ihm den Schläger und schlägt selbst zu. Dann nimmt er den Schläger, steckt ihn nach Jochens Vorschlag in das rechte Hosenbein und verlässt das Sekretariat in aller Seelenruhe."

"Alles scheint möglich", stellte Berner enttäuscht fest.

"Und jetzt der Vollständigkeit halber. Ich möchte mir noch einmal das Abschlagtraining von Frau Hainbuch mit dem Eisen Sieben anseh'n. Jochen kommst du noch mal ?"

Jochen stellte sich wieder in Position. Das Siebener Eisen erwies sich als deutlich kürzer. Es endete mindestens fünfzehn Zentimeter über dem auf den Stift aufgesetzten Ball. Dann war Frau Hainbuch an der Reihe und zeigte die Ausführung des Schlags, wie sie ihn von ihrem Chef gelernt hatte. Das passte optimal.

"Und jetzt, Jochen, stell' dich, bitte, mal hinter Frau Hainbuch." Jochen nahm die Position eines gewieften Golftrainers ein, der gern auf Tuchfühlung mit seinen Schülerinnen geht.

Durch den vergrößerten Abstand passte jetzt auch die Griffhöhe. So ähnlich mochte Melzing hinter seiner Sekretärin gestanden haben, um ihr die Schlagtechnik beizubringen.

Mit brennenden Augen verfolgte ein Mann vom Bürgersteig aus das Pärchen im Golfraum.

Also doch! Eigentlich hatte er den Kommissar im Verdacht, der so schamlos mit ihr geflirtet hatte. Aber das war ja der junge Schnösel mit dem Smart, der beim Parken seinen Oldtimer so rücksichtslos blockiert hatte. Und sie! Offenbar machte sie jedem schöne Augen. Das musste er ihr abgewöhnen. Sie gehörte ihm.

"Braucht ihr mich noch?" Jochen blickte Rückert fragend an. "Ich müsste unbedingt noch zum Training."

"Ja, geh nur. So weit ich sehe, gibt es im Moment nichts, was wir noch tun könnten." Rückert zuckte mit den Achseln. "Im Augenblick habe ich keine Idee, wo wir ansetzen könnten."

Blieb vorerst nur Jasmins Vater. Aber damit musste er Jochen jetzt nicht belasten.

*

Nachdem Jochen sich Richtung Bootshaus verabschiedet hatte, blickte Rückert sinnend aus dem Fenster. Gab es noch etwas, was er nicht bedacht hatte?

Geplant war die Tat sicher nicht, sonst wäre der Täter anders vorgegangen. Alles sprach für eine Tat im Affekt. Allerdings war der Täter offensichtlich so geistesgegenwärtig gewesen, den Golfschläger mitzunehmen. Das passte wieder nicht zu Hofmeister. Es war schon vertrackt.

"Frau Hainbuch!" Er rief die Sekretärin zu sich ans Fenster. "Ist es schon mal vorgekommen, dass Ihr Freund Sie im Blaumann zum Essen abgeholt hat?"

"Nein, noch nie. Er hat zwar so einen blauen Latzanzug, weil er ja mit dem Fuhrpark zu tun hat und an seinem Oldtimer viel rum'schraubt, aber er legt großen Wert auf sein Äußeres. Beim Mittagessen ist er immer in Zivilkleidung."

"War nur so eine Idee." Schade, Eifersucht als Motiv wäre so schön einfach gewesen.

Während sie sich unterhielten und nach draußen schauten, sahen sie, wie Jochen sich in seinen Smart setzte. Er wollte die Regenpause nutzen, um eine Trainingseinheit auf dem Wasser zu absolvieren.

Kapitel 22

Jochen war bester Stimmung. So allmählich schien in dem Fall Land in Sicht. Für ihn stand fest, dass der Mann in der Arbeitskleidung – ohne oder mit Gehbehinderung – der Täter war. Und der musste sich doch bei intensiver Suche finden lassen. Jetzt noch ein paar Trainingseinheiten auf dem Wasser, und dann lockte noch ein Stündchen Kuscheln mit Steffi, bevor sie wieder zum Dienst musste.

Als er an der Lahn ankam, hatte der Himmel wieder seine Schleusen geöffnet. Wohl oder übel musste er sich mit Trockentraining begnügen. Das Sportwissenschaftliche Institut hatte extra ein kostspieliges Ruderergometer angeschafft, bei dem nicht nur jede Situation eines Rennens, sondern auch sehr kippeliges Wasser simuliert werden konnte.

Nach ein paar Dehn- und Streckübungen zum Aufwärmen, setzte er sich auf die verhasste 'Kiste', wie sie sie verächtlich nannten, und ruderte zehn Minuten lang mit mäßigem Kraftaufwand. Danach erhöhte er die Belastung und trieb sein imaginäres Boot mit langen Schlägen voran, bis der Körper auf vollen Touren war.

Wie von Berger angeordnet machte er sich dann an das intensive Training der Startphase. Den ersten kürzer gehaltenen Skullschlägen und Rollbewegungen des Sitzes folgte der Übergang in lange Ruderschläge und die Ausnutzung der ganzen Rollschiene.

Er war gerade beim dritten Startversuch, als ihn der erste Schlag von hinten traf. Etwas schrammte an seiner Schläfe vorbei nach vorn. Er erkannte den großen Schlägerkopf eines Drivers, an dem ein blutiges Büschel seiner Haare haftete. Gleichzeitig prallte der Schaft auf die linke Schulter, wo er auf seine kräftige Muskulatur traf, ohne viel Schaden anzu-richten. Es war purer Zufall, dass ihn gerade eine simulierte Querwelle des Ergometers zu Ausgleichsbewegungen nach rechts gezwungen hatte. Dadurch hatte ihn der Angreifer knapp verfehlt.

Er war beim Vorrollen in die Auslageposition, als ihn der nächste Schlag an der rechten Seite erwischte und ein Stück Trikot und Haut mitnahm. Keine Chance für ihn auszuwei-chen, er steckte mit den Füßen fest in der Halterung des Stemmbretts. Ein weiterer Schlag traf ihn auf dem Rücken zwischen Schulterblatt und Wirbelsäule und nahm ihm den Atem. Er konnte von Glück sagen, dass noch kein Knochen getroffen war. Er musste unbedingt die Füße aus der Halte-rung kriegen: Er löste die Klettverschlüsse, dann stieß er sich am Stemmbrett ab, so explosiv er konnte , und warf sich nach hinten. Trotzdem entging er dem nächsten Treffer nicht ganz. Der Schläger rutschte an seinem linken Wadenbein entlang und schmerzte höllisch. Jochen rollte sich schnell zur Seite und versuchte, auf allen vieren krabbelnd zu entkommen. Panik kam in ihm auf. Der nächste Schlag konnte ihm den Schädel zertrümmern.

"Halt still, du Schwein. Ich mach' dich fertig. Du be-grapschst keine Frauen mehr", ertönte jetzt eine hasserfüllte Stimme, die ihm bekannt vorkam. Jetzt war ihm klar, wer das war, der wie von Sinnen auf ihn einschlug. Dieser Typ mit dem Oldtimer, den er kürzlich vor der Pathologie getroffen hatte! Dass er vorher nicht daran gedacht hatte! Bei dem hat-te er doch die Tasche voller Golfschläger im Kofferraum gese-hen. Der war ja außer sich vor Eifersucht. War er etwa auch hinter Steffi her?

Der Gedanke an Steffi gab ihm noch einmal Energie. Jetzt, wo es gerade angefangen hatte, sollte alles zu Ende sein?

Jochen mobilisierte noch einmal alle seine Kräfte, stieß sich mit den Füßen ab, um ins Halbdunkel zu hechten, wo Riemen und Skulls in Reih und Glied aufgehängt waren. Irgendwie musste er es schaffen, eines der Ruder aus der Halterung zu hebeln, damit er sich wehren konnte.

Aus der geplanten Hechtrolle wurde zwar nur ein müder Purzelbaum. Aber der genügte, dass er einen Moment lang aus der Reichweite des Golfschlägers gelangte, mit dem der Mann auf ihn eindrosch. Plötzlich stieß er mit seiner rechten Hand gegen etwas Hartes aus Holz. Das war doch der Griff eines Skulls. Ein Lob der Faulheit! Irgend jemandem war es zu lästig gewesen, seine Ruder ordentlich wegzuhängen. Er hatte sie einfach am Boden liegen gelassen. Er schaut über die Schulter zurück, während seine Hand weiter am Skull entlang glitt, bis sie es am Schaft in Höhe des Klemmrings fest umspannte. Sein Widersacher holte gerade aus, den Arm mit Schläger hochgereckt, um ihm den Rest zu geben. Ein Entrinnen gab es nicht mehr.

Entweder – oder!

Jochen richtete sich halb auf und zielte dabei nach hinten auf den Bauch seines Gegners. Dann stieß er mit aller Kraft zu.

Volltreffer! Der Mann klappte mit einem Schmerzensschrei zusammen, hielt sich den Bauch, krümmte sich am Boden und blieb reglos liegen.

Luft, Luft! Jochen hockte neben ihm und sog gierig die muffige Bootshaus-Luft ein, die ihm jetzt so frisch und köstlich vorkam, als käme sie direkt vom Atlantik. Der Kopf brummte, es tat ihm überall am Körper weh, Blut sickerte aus den verschiedenen Schrammen, aber er schien zum Glück nicht ernsthaft verletzt. Zumindest war nichts gebrochen. Erleichtert und erschöpft ließ er sich zu Boden sinken.

Jetzt erst nahm er die Sirenen von Polizei- und Notarztwagen wahr, die schon längere Zeit zu hören gewesen waren. Er hörte eiliges Getrappel, hörte Rückert seinen Namen rufen, brachte aber keinen Ton heraus.

"Mein Gott, Jochen", Rückert hatte Jochen am Boden liegend entdeckt, blutüberströmt, mit zerfetzter Trainingskleidung.

"Freund reicht", grinste Jochen schwach. Er hatte sich schon wieder etwas erholt.

Rückert spürte, wie eine riesige Last von ihm abfiel. Ihm wurde plötzlich klar, wie sehr ihm dieser junge Bursche in den wenigen Tagen ans Herz gewachsen war. Aber jetzt war keine Zeit für Sentimentalitäten.

"Schön, dass du schon wieder zu Scherzen aufgelegt bist."

Er kauerte sich zu Jochen herunter und half ihm, sich langsam aufzurichten.

Dann erst schaute er nach Jochens Gegner, der immer noch reglos am Boden lag. Er fühlte einen schwachen Puls an der Halsschlagader und wandte sich Jochen zu.

"Was ist passiert?"

"Er ist mit einem Golfschläger über mich hergefallen, und ich habe mich damit gewehrt." Jochen zeigte auf das Ruder, das neben ihm am Boden lag. "Schnell, hol' den Notarzt. Ich habe ihn am Bauch getroffen. Vielleicht habe ich die Milz erwischt. Dann kann der Mann jeden Moment verbluten."

Der Notarzt wollte sich erst um Jochen kümmern, weil er so schrecklich zugerichtet schien, während der andere zwar reglos am Boden lag, aber keine eindrucksvollen Verletzungsspuren aufwies.

"Ich bin schon okay. Kümmern Sie sich um den. Ich glaube: Milzruptur. Zuerst dachte ich, der Stoß habe den Solarplexus erwischt. Aber dann wäre er sofort zusammengeklappt und ohnmächtig geworden."

Der Notarzt nickte bestätigend zu dieser Einschätzung und war schon dabei, einen Zugang zu legen, um die lebensrettende Infusion verabreichen zu können.

"Sind Sie Kollege?"

"Medizinstudent, zweites klinisches Semester", sagte Jochen, "Ich habe längere Zeit im Nachtdienst auf der chirurgischen Intensivstation gearbeitet."

"Kümmer' du dich um ihn, ein angehender Kollege", sagte er knapp zu dem Sanitäter, der ihm zur Hand gehen wollte, und zeigte auf Jochen. "Ich fahr' mit dem anderen schon mal los in die Unfallchirurgie."

"Hoffentlich können sie ihn retten", meinte Rückert zu Jochen. "Selbst bei Notwehr wird es unangenehm für dich, wenn er stirbt."

"Mit deiner Hilfe werde ich das schon überstehen. – Wo seid ihr denn so schnell hergekommen?" fragte Jochen.

"Zum Teufel, schnell?" ereiferte sich Rückert. "Mir ging alles viel zu langsam. Diese lahmen Enten. Bis die in Gang gekommen sind. Du hättest jetzt tot sein können."

Inzwischen hatte ihm der Sanitäter einen eindrucksvollen Kopfverband verpasst und dann die restliche Blessuren versorgt. Er bekam den dringenden Rat, sich hinzulegen und mindestens drei Tage lang Ruhe zu halten.

"Sie kennen sich ja aus. Kann sein, dass Sie eine leichte Gehirnerschütterung haben. Da sollten Sie kein Risiko eingehen. Sollten Sie sich schlechter fühlen, erbrechen müssen oder Schwächeanfälle bekommen, rufen Sie sofort Hilfe und lassen sich in die Unfallchirurgie bringen."

Jochen fragte noch einmal nach: "Nun red'schon. Wie seid ihr denn drauf gekommen, dass Velden hinter mir her war?"

"Das war eigentlich die Sekretärin, die uns drauf gebracht hat. Wir standen in Melzings Golfraum und haben gerade überlegt, ob Velden seine Freundin und Melzing beim Abschlagtraining beobachtet haben könnte. Da haben wir gesehen, wie du losgefahren bist, und kurz danach ist Velden mit seinem Oldtimer gestartet, offensichtlich um dir zu folgen. Bis wir unseren Wagen erreicht hatten, wart ihr längst verschwunden. Zum Glück hattest du uns ja gesagt, dass du noch ins Uni-Bootshaus wolltest, und die offene Tür hat uns den Weg hierher gewiesen. – Moment mal." Rückert brach ab, weil er im Scheinwerferlicht der Spusi, die er alarmiert hatte, etwas blinken sah. "Da ist ja auch der Golfschläger, den wir so händeringend gesucht haben. Wahrscheinlich hat Velden damit auch Melzing umgebracht."

"Nee, nee. Das hier ist ein Driver, den man für den Abschlag nimmt. Das mutmaßliche Tatwerkzeug ist aber ein Schläger, mit dem man die Bälle aus dem Bunker schaufelt. Du erinnerst dich. So ein Wedge mit größerem Winkel am Schlägerkopf."

"Das werde ich nie lernen", murrte Rückert. "Können die denn nicht einfach einen Namen für alle Schläger benutzen." Er würde nie ein Golffreund werden.

"Ich habe ja auch meine Schwierigkeiten. Aber so viel habe ich doch begriffen: Ohne so ein Sandwedge kommt kein Golfer aus. Und Velden hat im Kofferraum eine ganze Tasche voller Schläger. Dass ich da nicht früher drauf gekommen bin. Einen Blaumann hat er bestimmt auch. Bei seinem Beruf und dem Hobby!"

"Ja, und er muss krankhaft eifersüchtig sein." Noch im gleichen Atemzug rief Rückert seinem Kollegen zu: "Olli fahr doch bitte mit unserem Wagen in die Unfallchirurgie. Wir müssen unbedingt erfahren, ob Velden durchkommt. Ich bringe Jochen derweil ins Duisberghaus."

Rückert hatte keine Probleme, mit der halbautomatischen Schaltung des Smart zurecht zu kommen. Er bestand darauf, Jochen persönlich im dritten Stock des Duisberghauses abzuliefern, und wollte ihm dort sogar noch Gesellschaft leisten.

"Schließlich bin ich verantwortlich dafür, dass du in den Schlamassel hineingeraten bist", meinte er.

"Ach was! Du hast noch genug zu tun. Ich brauche niemand, der mir Händchen hält. Es war meine Entscheidung, bei euch mit zu machen. Dass so etwas passieren würde, konnte ja niemand ahnen. Ehrlich, mir geht's gut. Ich brauche nur etwas Ruhe." Rückert gab sich achselzuckend zufrieden und trollte sich nach Hause.

Jochen mischte sich eine Maracuja-Schorle, legte eine CD mit Jazz-Musik auf und legte sich mit einem wohligen Seufzen auf sein Bett. Er war kurz davor, weg zu dösen, da durchfuhr es ihn wie ein Schock. Um Himmels willen, bei dem ganzen Trubel hatte er Steffi total vergessen. Sie würde sich sicher Sorgen machen oder schlimmer noch: Sie musste denken, er sei auf Tauchstation gegangen, nachdem er mit ihr geschlafen hatte! Er musste dringend anrufen.

Er schaute auf die Uhr. Acht! Jetzt war nichts zu machen. Da würden sie auf Intensiv gerade Übergabe für den Nachtdienst machen.

In der nächsten halben Stunde versuchte er, sich abzulenken. Er ging trotz seiner Schmerzen in die Küche: keine Menschenseele!

Die Jungs waren entweder schon beim Fernsehen im Gemeinschaftsraum des Hauses oder im Kino. Er versuchte es bei Charly. Niemand da, wahrscheinlich war er im Verbindungshaus der Fridericiana zum Singen. Selbst Alex war nicht in seinem Zimmer. Vermutlich hatte er schon seinen Gehgips bekommen, und er nutzte nun die wieder gewonnene Bewegungsfreiheit, um einen der anderen Jurastudenten im Haus zu besuchen und im Studium Versäumtes nachzuholen. Jochen stopfte lustlos ein Brot mit Leberwurst in sich hinein, dann schleppte er sich zurück in sein Zimmer.

Beim ersten Versuch, Steffi anzurufen hörte er das Besetztzeichen. Nach drei Minuten unerträglicher Wartezeit versuchte er es erneut. Endlich kam er durch.

"Intensivstation Chirurgie, Schwester Steffi", meldete sie sich.

"Hallo, Steffi", so gern hätte er 'mein Liebling' hinzugefügt. Aber irgendwie fühlte er, dass das nicht der richtige Zeitpunkt war."

"Hallo!" Das klang reichlich reserviert.

"Tut mir leid, dass ich nicht mehr vorbeikommen konnte. Es ist etwas dazwischen gekommen."

"Kann ich mir vorstellen. Es gibt ja so viel Wichtigeres als mich. Schönen Abend noch." Sie legte auf, offenbar tief gekränkt.

Er machte noch einen Versuch, Steffi zu erreichen.

"Chirurgie Intensivstation, Schülerin Angelika." Jochen kannte Angelika vom Nachtdienst. "Hallo Angelika. Ich muss dringend Steffi sprechen."

"Die hat zu tun, und für dich ist sie überhaupt nicht mehr zu sprechen, soll ich dir ausrichten. Du musst ganz schön Mist gebaut haben." Sie legte auf, ohne ihm weiter zuzuhören. Frauen-Solidarität!

Er rief noch einmal an, aber wahrscheinlich schauten sie jetzt alle erst aufs Display, bevor sie abhoben. Er war zum Feind der Station erklärt worden und wurde kaltgestellt.

Seine erste Idee war: Da muss Jens Rückert ran. Der konnte die Situation schnell klären. Einem Kriminalhauptkommissar würde Steffi bestimmt zuhören.

Aber alle seine Bemühungen, Jens zu Hause zu erreichen, waren erfolglos. Auch im Polizeipräsidium war er nicht, wie er von der Pforte hörte. Wahrscheinlich hatte er das Handy ausgestellt, um nach dem turbulenten Tag seine Ruhe zu haben. Schließlich hatte er keinen Bereitschaftsdienst.

Jochen wurde klar: In dieser Nacht würde er kein Auge zubekommen, wenn er sich nicht mit Steffi versöhnen würde. Zu wissen, dass sie ihn für einen Schuft hielt, der Frauen sammelte wie andere Briefmarken, war ihm unerträglich.

Es gab nur *einen* Ausweg. Er musste zu ihr in die Chirurgie und sie davon überzeugen, dass seine Gefühle für sie echt waren.

Er nahm ein Novalgin, um seine Schmerzen zu lindern und machte sich auf dem Weg.

An diesem Abend kamen ihm die Straßen in Marburg so holprig vor wie ein Feldweg. Jeder Hubbel und jede Mulde schickte eine Schmerzenswelle durch seinen Kopf. Erleichtert stellte er schließlich seinen Floh vor dem großen Klinikgebäude ab, die Vorderräder auf dem Bürgersteig. Nachts würde sich niemand daran stören. Er ließ die Kopfschmerzen einen Moment abebben, bevor er sich auf den Weg zur Intensivstation aufmachte. Glücklicherweise schien auch das Novalgin allmählich zu wirken.

Es war ein eigenartiges Gefühl, die Intensivstation zu betreten, ohne länger dazu zu gehören. Er kam sich trotz der vertrauten Umgebung vor wie ein Fremder, der sich unberechtigterweise Zugang verschaffte.

Steffi saß mit dem Rücken zur Tür am Schreibtisch und war in Patientenakten vertieft.

"Steffi, bitte! Gib mir eine Minute!" Er machte sich auf alles gefasst, von Eiseskälte bis hin zu Schimpftiraden, und überlegte verzweifelt, wie er anfangen sollte, um sich zu rechtfertigen. Aber als sie sich ihm auf ihrem Bürostuhl zuwandte und seinen weißen Kopfverband sah, war jedes weitere Wort überflüssig.

"Um Himmels willen!" Sie sprang auf und nahm vorsichtig sein Gesicht in beide Hände. Dann küsste sie ihn behutsam und zärtlich überall, wo der Verband es zuließ und flüsterte.

"Ich bin eine dumme Kuh. Ich war so misstrauisch. Verzeih mir! Ich fühlte mich einfach nur benutzt und weggeworfen."

"Ja, als du am Telefon so komisch warst, habe ich mir schon so etwas gedacht. Und ich hatte keine Chance, an dich ran zu kommen. Deine Leute haben dich total abgeschirmt. Da musste ich einfach hierher kommen."

"Ich wollte nichts mehr von dir wissen, und alle meine Kolleginnen haben sich danach gerichtet. Tut mir so leid."

"Mir auch. Das war einfach schrecklich. Das darf uns nie wieder passieren."

"Der Weg zur Hölle ist mit guten Vorsätzen gepflastert." Steffi war auf dem besten Wege zurück zu dem lockeren Umgang, zu dem sie am Wochenende gefunden hatten. Natürlich war sie jetzt neugierig zu hören, was los war. Sie deutete auf seinen Kopfverband.

"Ein Unfall?"

"Eher ein Überfall. Ist aber jetzt alles nicht so wichtig. Hauptsache wir haben uns wieder."

Dann gewann ihre Fürsorge Oberhand. "Hast du noch andere Verletzungen?" erkundigte sie sich besorgt und sah ihn forschend an.

"Nur Kleinigkeiten. Die schlimmste hast du gerade geheilt. Die anderen zeige ich dir morgen, wenn du willst."

"Ich freu mich schon drauf", das klang schon wieder ein kleines bisschen frivol. Für Jochen war die Welt wieder in Ordnung.

Angelika schaute verlegen und neugierig zur Tür herein. So hatte sie ihre Chefin noch nie erlebt. Auf der Station in den Armen eines Mannes. Sie war erleichtert, dass sich die beiden versöhnt hatten.

"Steffi, kannst du mal kommen? Der Neuzugang aus dem OP ist da. Stumpfes Bauchtrauma, Zustand nach Milzentfernung."

"Ich komme", sagte Steffi. Sie küsste Jochen ohne Scheu vor der Schwesternschülerin. "Ich muss an die Arbeit. Du kennst das ja. – Und du gehörst ins Bett."

"Ja, Schwester Steffi", sagte er gehorsam. "Gleich. – Ist der neue Patient vielleicht ein Herr Velden."

Sie schaute in ihren Papieren nach. "Ja, kennst du ihn denn?"

"Ich bin schuld an seinem Zustand. Wir hatten sozusagen einen Zusammenstoß, vielleicht sogar deinetwegen. Hattest du nicht in den letzten Wochen das Gefühl, ständig beobachtet und verfolgt zu werden?"

"Das muss ein Missverständnis sein. Ich habe nichts von einem Stalker bemerkt."

"Ich bin jedenfalls heilfroh, dass er überlebt hat. Morgen erzähl ich dir alles."

Lag es am Novalgin oder an der Versöhnung? Jochen fühlte sich wie neugeboren. Auf dem Rückweg schien sein Smart dahin zu gleiten, als wären die Straßen Marburgs in der Zwischenzeit frisch geteert worden. Um halb elf lag er in seinem Bett im Dusiberghaus und träumte von einer gemeinsamen Zukunft mit Steffi: Kuscheln, Badminton, Surfen, tausend andere Sachen. Das Leben konnte so schön sein!

Fast war er schon eingeschlafen. Da trommelte es plötzlich an seine Tür, und es ertönte das traditionelle Geburtstagsständchen des dritten Stocks.
"Zum Geburtstag holen wir uns einen runter – und das nicht nur zur Sommerzeit, nein auch im Winter, wenn es schneit."

Jochen ergriff seine Holzclogs und warf sie an die Tür. Der Doppelknall brachte die Meute zum Verstummen, aber nur für eine Sekunde. Dann ging der Tumult wieder los. Jochen hörte, wie Charly für Ordnung sorgte und den Song erneut anstimmte.

Jochen blieb nichts anderes übrig, als sich aufzurappeln und die Tür zu öffnen.

"Ich habe doch erst im Herbst Geburtstag", versuchte Jochen sie zu beschwichtigen. Immerhin brachte sein imposanter Kopfverband sie zur Ruhe.

"Da war der Herr Kommissar anderer Meinung", meinte Charly und schob den unverschämt grinsenden Rückert nach vorn, der sich im Kreis der Studenten richtig wohl zu fühlen schien. Wahrscheinlich hatten sie ihn mit ein paar Bierchen gesprächig gemacht.

"Der Jens hat dich gesucht, um nachzusehen, wie es dir geht, aber du hast dich ja sonst wo herumgetrieben. Da hat er uns erzählt, dass es dich fast gebeutelt hätte und uns aufgefordert, wir sollten einen auf deinen zweiten Geburtstag trinken."

Aha, sie suchten nur einen Vorwand zu feiern.

"Okay, okay. Sobald ich wieder fit bin, gebe ich einen aus. Jetzt verpisst euch endlich. Mein Arzt hat mir mindestens drei Tage Bettruhe verordnet."

"Das kann ja jeder behaupten."

Jetzt griff Jens Rückert ein: "Das kann ich bezeugen. Also gönnt ihm seine Ruhe." Und zu Jochen gewandt. "Ich wollte keine Zeit verlieren. Berner hat mich informiert, dass Velden es erst einmal geschafft hat. Jetzt kannst du sicher besser einschlafen. Morgen früh wird man wissen, ob er wirklich über den Berg ist. Ich will ihn dann so bald wie möglich vernehmen. Erhol' dich gut."

"Danke, gute Nacht." Jochen sah keinen Grund, ihm zu verraten, dass er schon Bescheid wusste. Dann hätte er erklären müssen, was ihn in seinem Zustand ins Lahnklinikum getrieben hatte. Und dazu hatte er im Moment keine Lust.

Kapitel 23

Als Jochen am nächsten Morgen erwachte, fühlte er sich zwar am ganzen Körper wie gerädert, aber sein Kopf benahm sich ganz manierlich, wenn er sich nicht zu rasch bewegte.

Er musste dringend auf der Intensivstation anrufen.

"Intensivstation Schwester Caro", meldete sich die leitende Schwester der Frühschicht. Caro kannte er gut. Seit er ihr einmal gegen eine verärgerte und sehr aggressive Mutter zu Hilfe gekommen war, hatte er einen Stein bei ihr im Brett. Sie war etwas mollig und nicht sein Typ, aber ganz patent, für jeden Spaß zu haben.

"Hallo Caro, hier Jochen Haller."

"Oh, hallo Jochen. Ich habe gehört, du bist uns untreu geworden?"

"Hat sich das schon rumgesprochen? Ja, tut mir selbst leid. Es hat mir bei euch sehr gut gefallen. Aber weißt du, mit Doktorarbeit und Studium, das bekam ich nicht mehr unter einen Hut."

"Was kann ich für dich tun?" Er merkte, sie war in Eile.

"Ich wollte nur hören, ob der Velden noch lebt? Der wurde gestern an der Milz operiert", erläuterte er kurz.

"Ja, dem geht's nach den Bluttransfusionen schon wieder erstaunlich gut. Der fängt schon an, die Schwestern zu belästigen."

"Wenn er zu keck wird, müsst ihr ihm einfach auf die Finger klopfen."

"Wir wissen uns schon zu helfen. Und was hast du mit ihm zu schaffen?"

"Na, ich hatte doch gestern den Zusammenstoß mit ihm, durch den er in der Chirurgie gelandet ist. – Ist schon ein Kommissar Rückert bei ihm?"

"Seit ungefähr zehn Minuten. Er müsste bald wieder rauskommen. Der Arzt hat ihm nur fünfzehn Minuten gegeben. Soll ich ihm was ausrichten?"

"Das wäre super. Er möchte mich auf meinem Handy anrufen. Die Nummer hat er."

"Hast du was mit ihm?" Sie lachte, weil sie den Gedanken selbst abwegig fand. Sie wusste, dass er sich schon lange für Steffi interessierte.

"Sehr lustig. Du kannst ihn ja mal fragen", schlug er vor. Er stellte sich amüsiert vor, wie Rückert reagieren würde.

Kurz darauf rief Rückert zurück.

"Na, du kannst es wohl gar nicht erwarten? Wie geht's dir?"

"Ganz ordentlich. Ich musste doch wissen, wie Velden die Nacht überstanden hat. Und dann brenne ich natürlich darauf zu hören, was du aus ihm herausbekommen hast."

"Du wirst nicht begeistert sein: Er gibt zwar zu, dass er dich überfallen hat und will sich bei dir entschuldigen. Ihm seien die Nerven durchgegangen, weil er wegen Frau Heinbuch eifersüchtig auf dich war."

"Mit dem Mord an Melzing hat er aber angeblich nichts zu tun", fuhr Rückert fort. "Und ob du es glaubst oder nicht. Es klang für mich ganz überzeugend. Er hat zwar zugegeben, dass er auch so ein Sandwedge hat. Aber das ist angeblich sein eigenes."

Wie sich später herausstellte, waren an dem verdächtigen Golfschläger nur die Fingerabdrücke von Velden und Spuren von Sand und Gras am Schlägerkopf zu finden. Es gab keinen Beweis dafür, dass es der Schläger war, der Melzing zum Verhängnis geworden war. Die Suche nach dem Täter ging weiter.

*

Für Dienstagnachmittag hatte Rückert den Vater von Jasmin ins Polizeipräsidium zur Befragung vorgeladen.

Er gab ohne Umschweife zu, dass er tatsächlich bei Melzing gewesen war. Er hatte die wuchtige Gestalt des Professors gerade im Zimmer der Sekretärin verschwinden sehen und war ihm bis ins Arbeitszimmer gefolgt.

"Hat Sie denn seine Sekretärin nicht daran gehindert?" fragte Rückert.

"Nein, da war niemand im Sekretariat", behauptete Hofmeister. "Vielleicht war sie schon zu Tisch gegangen?"

Das stimmte mit Rückerts Informationen überein.

"Und was geschah dann?"

"Ich habe Melzing gehörig die Meinung gesagt und in meinem Zorn auch beschimpft. Ich weiß gar nicht mehr so genau, was ich ihm alles an den Kopf geworfen habe."

"Und wie hat Professor Melzing das aufgenommen?"

"Er zeigte sich sehr betroffen und blieb erstaunlich ruhig. Dann hat er sich entschuldigt und mehrmals betont, dass irgend jemand in der Klinik einen Fehler begangen haben müsse. Aber das war mir in dem Moment egal. Mir ging es nur um meine Jasmin. Ich wollte sie auf der Stelle mitnehmen, und er hat zum Telefon gegriffen und die unverzügliche Freigabe von Jasmin veranlasst. Daraufhin hat man die Sektion sofort abgebrochen. Ich hatte erreicht, was ich wollte, und bin abgezogen. Eine Viertelstunde später konnten wir Jasmin in einen Sarg umbetten und mit ihr nach Hause fahren."

"Haben Sie noch jemanden kommen sehen, als Sie das Sekretariat verließen?" Rückert hoffte auf eine neue Spur.

"Na ja, im Flur liefen einige Leute herum. Da habe ich mich in meinem Zorn nicht weiter drum gekümmert. Die schienen alle zum Pathologischen Institut zu gehören.", meinte Hofmeister entschuldigend.

"War vielleicht auch einer in einem Blaumann dabei?" Rückert war hartnäckig.

"Tatsächlich. Jetzt, wo Sie das sagen, erinnere ich mich daran, weil er sich in der Kleidung von den anderen unterschied und sich etwas abseits von den anderen hielt. Aber ich dachte, der gehört zu den Handwerkern des Klinikums. Der wollte mit den anderen nichts zu tun haben."

"Und konnten Sie sehen, ob er hinkt?"

"Nein, ist mir nicht aufgefallen. Der stand nur so da rum."

Mehr war nicht aus ihm herauszuholen. Die Hausdurchsuchung bei Hofmeisters in Nieder-Ohmen, zu der sich Rückert durchrang, um nichts zu versäumen, brachte keine neuen Anhaltspunkte. Die Ermittlungen kamen nicht voran.

*

Am Dienstagnachmittag erhielt Jochen zum ersten Mal Besuch von Steffi im Duisberghaus. Sie hatte zwar Daniel, ihren langjährigen Vereinskameraden, auf ihrer Seite, aber von den Mitbewohnern Jochens im dritten Stock fühlte sie sich mit Argusaugen beobachtet. Natürlich versuchte sie, sich nichts anmerken zu lassen. Sie kümmerte sich liebevoll um den verletzten Freund und behandelte die Flurnachbarn freundlich und höflich. Am Abend verabschiedete sie sich in der Gemeinschaftsküche.

"Jochen ist im Moment gut versorgt. Ich muss jetzt los. Schaut ihr noch einmal nach ihm, bevor ihr schlafen geht?"

"Was? Du willst uns schon verlassen. Ich dachte, wir beide könnten uns noch einen schönen Abend machen, wenn Jochen noch unpässlich ist", flachste Charly. Die anderen schauten neugierig, wie sie darauf reagieren würde.

Aber sie blieb ganz locker, schließlich war sie als Krankenschwester Anmachen jeder Art gewohnt und hatte gelernt, ernste Attacken von Flachs zu unterscheiden.

"Vielleicht ein anderes Mal, ich muss jetzt leider zum Nachtdienst."

"Cool, tolle Frau", sagte Alex bewundernd. "Die würde ich auch nicht von der Bettkante schubsen. Und was die für eine Energie hat! Den ganzen Nachmittag hat sie sich um Jochen gekümmert, und nun hat sie noch den Nachtdienst vor sich. Da können wir uns eine Scheibe abschneiden."

"Jetzt wisst ihr, warum Jochen so lange hinter ihr her war. Der wusste genau, was er wollte. Scheint, als hätte er jetzt sein Ziel erreicht. Wir sollten es ihm gönnen", meinte Charly.

"Klar, machen wir. Ein bisschen Spaß darf doch sein oder?"

Am Mittwoch brachte Steffi selbst gemachte Frikadellen und Kartoffelsalat zum Abendessen mit. Auch Jochen war wieder so weit erholt, dass er sich unter die Meute wagte und beseitigte die letzten Zweifel bei seinen Zimmergenossen: Steffi gehörte zu ihm und war somit als Familienmitglied des dritten Stocks anzusehen.

Am Donnerstagmittag hatte Jochen die verordnete Bettruhe satt. Er musste unbedingt wieder unter Leute. Kurz ent-

schlossen meldete er sich im Gastro-Labor bei Ina zu seiner
zweiten Einführungslektion an.

Eine Tüte frischer Krapfen in der Hand klopfte er eine Stunde später an die Tür des Labors und öffnete, ohne abzuwarten. Drinnen stand ein Mann im blauen Latzanzug, schmal,
fast so groß wie Jochen. Er war dabei, Gegenstände aus dem
Hängeschrank in eine riesige Sporttasche zu werfen, die geöffnet auf der Arbeitsfläche neben dem pH-Meter stand. Als
er die Tür gehen hörte, drehte er sich herum, warf etwas
Dunkles, Längliches in die Tasche und sagte seelenruhig:

"Ich musste nur eine Kleinigkeit reparieren." Er erwartete,
dass Jochen die Tür freimachte.

'Das ist er', schoss es Jochen durch den Kopf. Alles passte
zu dem Unbekannten aus der Pathologie, der möglicherweise Melzing auf dem Gewissen hatte. Er trug Arbeitshand-
schuhe und hätte jederzeit als Handwerker durchgehen können. Dieser lange Gegenstand, der blitzschnell in der Tasche
verschwunden war, würde wahrscheinlich Aufschluss geben.

"Moment mal", sagte Jochen mit drohendem Unterton und
machte Anstalten in die Tasche zu schauen.

Jetzt hatte der Eindringling eingesehen, dass er nicht so einfach davon kam. Er schleuderte die schwere Tasche gegen Jochen, der zur Seite taumelte und fiel. Die Tüte mit den Krapfen glitt aus der Hand und platzte. Die Krapfen kullerten im
Labor herum, während der Dieb zu entkommen drohte.

Jochen zog im Liegen die Notbremse, indem er einen Fuß
in das hintere Fußgelenk des Flüchtenden hakte. Der Mann
stürzte der Länge nach hin, knallte mit der Stirn gegen die
Flurwand und blieb einen Moment lang benommen liegen.
Das nutzte Jochen, um sich aufzurappeln und auf ihn zu werfen. Er hörte, wie die Luft pfeifend aus seinem Widersacher
entwich. Schließlich war er kein Leichtgewicht. Der Mann

lag vor Schrecken und Schmerz erst still, erholte sich aber schnell. Er drehte und wand sich, bäumte sich auf wie ein wildes Pferd unter seinem Zureiter, um an seinen Totschläger zu kommen, der ihm beim Sturz entfallen war. Fast hätte er es geschafft. Denn Jochen konnte nach Veldens Überfall längst noch nicht wieder alle Kräfte einsetzen, wie es nötig gewesen wäre, um den Mann zu bändigen. Da tauchten endlich Udo und Klaus auf und kamen ihm zu Hilfe. Udo leistete Jochen Gesellschaft und ließ sich einfach auf den Eindringling plumpsen, während Klaus die Tasche sicher stellte. Der Dieb sackte unter dem zusätzlichen Gewicht zusammen und gab auf.

"Wo wart ihr denn die ganze Zeit? Ich denke, das Labor ist immer verschlossen, wenn ihr weg seid?" sagte Jochen vorwurfsvoll, noch schmerzhaft schnaufend, weil er ein paar Schläge auf seine gerade verheilenden Wunden abbekommen hatte.

"Wir haben neues Gewebe ins Zellkulturlabor gebracht, das waren höchstens zwei Minuten. Ich hätte nicht gedacht, dass in der kurzen Zeit etwas passieren könnte", entschuldigte sich Udo für die beiden.

"Damit rechnen die Diebe doch. Die baldowern die Situation erst aus. Und dann schlagen sie blitzschnell zu. Wollen gleich mal sehen, was er abgestaubt hat. Aber ruf schon mal die Polizei, Klaus. Wir sitzen hier zwar ganz gemütlich. Aber auf die Dauer wird's langweilig. Wo ist eigentlich Iris?"

"Die hilft noch bei einer Darmspiegelung. Gut, dass sie noch nicht da ist. Die würde uns den Kopf abreißen, weil wir so schludrig waren."

"Wir brauchen ihr ja nicht unbedingt was davon zu erzählen." Die beiden blickten ihn dankbar an.

"Hat jemand von euch Kabelbinder?" fragte Jochen die Umstehenden, die sich aus den benachbarten Labors inzwischen auf dem Flur versammelt hatten. Erbost und gleichzeitig erleichtert, dass endlich einer der dreisten Diebe geschnappt worden war, starrten sie auf den ungebetenen Gast herab.

"Ich besorge welche", sagte ein MTA.

Wenig später war er damit zurück. Sie verschnürten dem Gefangenen die Handgelenke hinter dem Rücken und die Fußgelenke und setzten ihn auf einen Bürostuhl.

Dann machten sie sich daran, den Inhalt der Tasche zu sichten.

Obenauf lagen ein Brecheisen und ein Bolzenschneider, darunter die gestohlenen Sachen, die offenbar auch aus anderen Labors entwendet worden waren, mehrere Brieftaschen und Portemonnaies – und ein Notebook.

Alle schauten erwartungsvoll auf Jochen. Er hatte den Dieb gestellt. Er trug ihrer Meinung nach die Verantwortung für das weitere Vorgehen.

Er wusste, er musste schnell handeln: Wenn erst einmal die Polizei da war, würde alles zur Spurensicherung beschlagnahmt werden. Dann konnte es lange dauern, bis sie wieder ihr Eigentum erhielten.

Kurz entschlossen verteilte er alle Wertgegenstände, deren Eigentümer sich eindeutig identifizieren ließen. Er kam sich dabei vor wie der Weihnachtsmann persönlich. Am Schluss nahm er das Notebook zur Hand.

"Udo, ist das eures?"

"Sieht so aus." Udo startete das Notebook und belegte durch das richtige Kennwort den Besitzanspruch des Labors.

"Ein Glück, dass du rechtzeitig gekommen bist. Wenn Geld und Ausweise weg sind, ist das höchst ärgerlich und bedeutet viel Lauferei. Aber wenn das Notebook weg gewesen wäre, wäre die ganze Arbeit der letzten Monate umsonst gewesen", sagte Udo erleichtert.

"Habt ihr kein Backup-System?" fragte Jochen erstaunt.

"Im Prinzip schon. Aber in letzter Zeit sind wir da etwas nachlässig gewesen. Es ist ja nie etwas passiert. – Das wird uns eine Lehre sein."

Udo war ganz kleinlaut geworden. Aber dann erblickte er die Krapfen, die im Labor verstreut lagen. Seine Gefräßigkeit ließ ihn alles andere vergessen.

"Hast du die mitgebracht?" Er blickte Jochen fragend an.

"Ja, das sollte mein Einstand sein. Schade drum."

"Was soll das heißen: Schade drum. Willst du die etwa wegwerfen."

"Ja, natürlich. Die sind doch dreckig geworden."

"Lass mich mal testen." Schon hatte Udo einen Krapfen in der Hand und biss herzhaft zu. "Die sind klasse! Also ich schmecke nichts von Dreck oder Putzmittel. Ich werde der Reinigungsfirma den Slogan empfehlen: 'Wo wir sauber machen, kann man vom Boden essen'."

Als auch Klaus' Miene seinen ungetrübten Genuss verriet, überwand sich auch Jochen und probierte einen Krapfen, nachdem er ihn mit einem Einmalhandtuch abgewischt hatte. Auf diese Weise ging zwar etwas Puderzucker verloren, aber der Krapfen war nicht zuletzt – durch die wunderbare Füllung mit Erdbeermarmelade – immer noch lecker.

"Mehr gibt's nicht. Den Rest heben wir auf, bis Iris kommt", bestimmte er.

Kurz darauf kam eine Polizeistreife, die sowieso im Klinikum unterwegs war, vorbei und übernahm den Dieb.

"Fachmännisch verpackt. Das haben wir ja noch nie erlebt. Die Sonderkommission für Diebstähle im Klinikum wird sich freuen."

Jochen rief gleich Rückert an und berichtete ihm von dem Vorfall.

"Und du meinst, das könnte Melzings Mörder sein? Am besten setze ich mich gleich mit der Sonderkommission in Verbindung. Vielleicht finden die ja einen Hinweis in seiner Wohnung", reagierte Rückert sofort, froh, dass sich so unverhofft eine Chance bot, im Fall Melzing voran zu kommen.

Kapitel 24

Später schaute Jochen bei Steffi in ihrer Wohnung am Grün herein.

"Toll, dass du dich schon wieder so fit fühlst." Sie strahlte ihn an.

"Ich konnte es im Bett einfach nicht mehr aushalten. Allerdings wäre es heute fast zu viel geworden." Jochen berichtete von dem Zusammenstoß mit dem Dieb.

"Da habe ich gedacht, ich hätte mir so einen ruhigen Typen angelacht, und nun entpuppt er sich als Abenteurer und Schläger. Muss ich jetzt ständig um dich in Sorge sein?" Sie umarmte ihn vorsichtig.

In den nächsten Stunden genossen sie es, nach zwei Tagen Aufsicht unter den wachsamen Augen des dritten Stocks endlich mal wieder für sich zu sein. Dann machte sich Steffi zu ihrem letzten Nachtdienst auf, bevor sie ein paar Tage Freizeitausgleich bekommen würde.

*

Am Freitagmittag meldete sich Rückert bei Jochen übers Handy.

"Du hattest Recht. Wir haben ihn. Euer Dieb ist der Mörder von Melzing. Sein Ausweis lautet auf Norbert Wenzel, aber er ist uns unter verschiedenen anderen Namen schon lange bekannt."

"Im Ernst? Aber der Wenzel hat kein bisschen gehinkt. Der war flink wie ein Wiesel. Fast wäre er mir entwischt. Wir hatten alle Mühe, ihn unter Kontrolle zu bringen", warf Jochen ein.

"Am Anfang hat er ja auch geleugnet und wollte von der Pathologie nichts wissen. Aber man hat in seiner Wohnung eine Menge Diebesgut gefunden, unter anderem auch einen Golfschläger, den er noch nicht losgeworden ist. Das war genau dieser 'Bunkerschläger', den wir die ganze Zeit gesucht haben. Körner von der Spusi hat sofort geschaltet. Es fanden sich noch winzige Reste vom Melzings Blut und Kopfhaut dran. Der DNA-Nachweis war kein Problem. Wenzel hat dann auch schnell eingesehen, dass weiteres Leugnen sinnlos war, und hat ausgepackt."

"Und wie ist es nun passiert?"

"Eigentlich war es ganz einfach. Wir lagen gar nicht so weit daneben. Wenzel hatte aus sicherer Entfernung gesehen, wie Melzings Sekretärin von einer anderen Schreibkraft zum Mittagessen abgeholt wurde. Die Tür hatte sie nicht abgeschlossen. Er beobachtete, wie kurz darauf ein kleiner in Schwarz gekleideter Mann, sicherlich Hofmeister, ungehindert das Sekretariat betrat und kurz danach wieder herauskam. Das ließ Wenzel vermuten, dass niemand ihn bei seiner Arbeit stören würde. Er ist dann rasch in das Vorzimmer eingedrungen, hat dort aber keine Wertsachen gefunden. Von dort aus hat er sich durch die offen stehende Zwischentür ins Arbeitszimmer weiter vorgewagt. Alles schien leer zu sein. Allerdings ist ihm dabei entgangen, dass die Tür zum Golfzimmer, die durchs Bücherregal verdeckt ist, offen stand. Er hat gleich die Garderobe als verlockendstes Ziel ausgemacht und begonnen, die Jacken- und Manteltaschen zu durchsuchen. Dabei ist er gegen die Golftasche gestoßen, die umstürzte. Von dem Krach wurde Melzing alarmiert, der im Golfzimmer trainiert hatte. Er kam herüber ins Arbeitszimmer, einen Golfschläger in der Hand.

Wenzel wollte sich mit einer Reparatur am Waschbecken herausreden. Aber Melzing ließ das nicht gelten und griff zum Telefon, um die Polizei holen. Da hat Wenzel natürlich versucht zu fliehen. Melzing wollte ihn daran hindern und traf ihn mit dem Golfschläger am rechten Bein. Du weißt ja selbst , wie weh das tun kann. Angeblich hat es Wenzel daraufhin so mit der Angst zu tun bekommen, dass er den erstbesten Schläger aus der Golftasche gezogen und um sich geschlagen hat. Dass dieser Schlag Melzings Kopf traf und ihn zertrümmerte, war aus seiner Sicht ein unglücklicher Zufall. Er hat dann den Schläger in seine Werkzeugtasche gesteckt, seine Jacke darüber gelegt und die Flucht ergriffen."

"Sein Hinken war dann nur verletzungsbedingt und von kurzer Dauer. Dann hätten wir noch lange nach einem hinkenden Handwerker suchen können. Ein Glück, dass Körner der DNA-Nachweis gelungen ist."

"Aber am wichtigsten war, dass du zum richtigen Zeitpunkt am richtigen Ort warst und Wenzel erwischt hast. Alles andere war Routine."

"Bei Melzing muss es ja in den letzten Minuten wie im Tauben schlag zugegangen sein. Zuerst kam Friedel, der geschasste MTA, dann der Orthopäde, dem er an den Karren fahren wollte. Danach wurde er von Herrn Hofmeister zur Minna gemacht hat und schließlich von einem Dieb umgebracht. Nichts als Stress. Ich bin nicht mehr so sicher, ob ich immer noch Pathologe werden will."

"Du kannst ja auch zur Kripo kommen. Hast du heute Abend Lust, mit uns den Abschluss des Falls zu feiern?" fragte Rückert.

"Heute muss ich im Duisberghaus einen ausgeben, weißt du nicht mehr? Du hast mir das doch selbst eingebrockt. Von wegen zweiter Geburt."

"Das war doch nur so eine Redensart. Und ich erinnere mich nur noch düster, weise jede Verantwortung von mir. Deine Leute hatten mich unter Alkohol gesetzt", behauptete Rückert

"Gut, ich gestehe dir mildernde Umstände zu. Wie wär's, wenn du heute Abend einfach dazu kommst?"

"Meinst du nicht, dass ich alter Knacker da störe?"

"Nee, gar nicht. Ich hatte den Eindruck, dass du vom harten Kern schon akzeptiert und eingemeindet worden bist."

"Na gut. Ich überleg's mir. Vorher muss ich aber noch dringenden Schreibkram erledigen."

Um halb neun traf Rückert in der Gemeinschaftsküche des dritten Stocks ein. Er wurde mit großem Hallo empfangen. Die Sektflasche, die er mitgebracht hatte, wurde ihm gleich aus der Hand gerissen. Dann leitete Charly die offizielle Begrüßungszeremonie ein:

"Zicke, zacke!"

"Hühnerkacke!" lautete die vielstimmige Antwort.

Charly nahm einen Schluck aus der Flasche. "Fast so gut wie Bier." Er reichte sie weiter. Im Nu war sie geleert.

Für Jochen hatte Jens Rückert noch eine Überraschung mitgebracht.

"Der Polizeipräsident, den ich vom Karate-Verein gut kenne, hat es sich nicht nehmen lassen, selbst zu unterschreiben, obwohl er offiziell von deiner Undercover-Tätigkeit gar nichts wissen darf." Er überreichte Jochen eine Urkunde und las vor: "Hiermit wird Jochen Haller, wieder geboren am 19. Mai 2008, zum Kommissar ehrenhalber ernannt." Das Zertifikat war tatsächlich vom Polizeipräsidenten selbst unterzeichnet.

254

Die Übergabe der Urkunde wurde von lautem Gejohle begleitet.

"Schade, dass unser Geburtstagssong für dich nicht mehr passt", meinte Charly bedauernd zu Jochen "Du hast ja jetzt Steffi. Wie wär es statt dessen hiermit? Er begann zu singen:

Es steht ein Wirtshaus an der Lahn,
da hält ein jeder gern mal an.
Frau Wirtin sitzt am Feuer,
und jeder, der am Tische sitzt,
der greift mal zu der Leier.

"Ooch, wie langweilig", reagierten seine Zuhörer enttäuscht.

"Das war zur Eingewöhnung unseres Gastes. Vielleicht gefällt euch der nächste Vers besser":

Frau Wirtin hatt' auch einen Mann.
Doch der kam nur sehr selten dran,
da sie den Wechsel liebte
und nach bestimmtem Stundenplan
es mit den Gästen übte."

Von der zweiten Zeile an grölten die anderen schon mit. Das war eher nach ihrem Geschmack.

"Ich hab' das Wirtshaus an der Lahn noch gekannt, als es an der ursprünglichen Stelle stand. Das war ein ganz uriges Lokal. Leider stand es einem Bauvorhaben im Weg. Die Wirtinnen-Verse machten damals schon Furore. Soll ich mal?" Seine neuen Freunde nickten begeistert. Und so betätigte sich Jens Rückert als Vorsinger:

Frau Wirtin hatt ' nen General.
Der hatt' ein Ding aus Edelstahl.

Um dieses zu beweisen,
legt' er es auf den Schienenstrang
und ließ den Zug entgleisen."

"Hej, cool! Wir werden dich zum Ehrenmitbewohner des dritten Stocks ernennen", klang es begeistert aus der Runde.

Jens Rückert fühlte sich so jung, wie lange nicht mehr. Er hatte noch mehr Verse auf Lager. Den jungen Burschen würde er es heute Abend so richtig zeigen.

Jochen schüttelte ungläubig den Kopf. Was war aus dem distanzierten Kommissar geworden, der ihn bei der Begegnung am Bootshaus so beeindruckt hatte? Er war gespannt, wie viele Rückerts er noch kennen lernen würde.

ENDE